INSPIRATION ET FORCE QUOTIDIENNES POUR LES FEMMES NOIRES

Par

GOUZE COLLETTE

Table des matières

- **Trouver la force dans le silence**

- **Intégrer la méditation et le calme dans votre vie quotidienne.**

Conclusion

Introduction

Le pouvoir intérieur

Objectif et vision de ce livre

Bienvenue ! Empowered Spirit : Daily Inspiration and Strength for Women est une invitation à se connecter à la source profonde de pouvoir, de sagesse et de courage qui réside en chacune de nous. Ce livre est conçu pour vous accompagner dans un voyage de découverte et de croissance intérieure. À travers des réflexions intentionnelles, des histoires et des pratiques quotidiennes, il est conçu pour vous aider à renouer avec les parties de vous-même qui auraient pu être enfouies sous les pressions de la vie quotidienne - ces parties qui vous rendent résiliente, compatissante et inarrêtable.

Dans un monde où les femmes sont souvent encouragées à faire passer les autres en premier, à se perdre dans leurs responsabilités ou à adhérer aux normes établies par les autres, ce livre cherche à fournir un contrepoids. Ici, nous nous concentrons sur l'acceptation, la célébration et l'entretien de votre moi authentique. Ce processus nécessite de regarder en vous et de faire face non seulement à vos forces, mais aussi à vos peurs, à vos insécurités et à vos limites. La véritable autonomisation survient lorsque vous acceptez votre moi complet, et ce voyage consiste autant à cultiver la gentillesse et la compassion qu'à développer la résilience et la force.

L'empowerment est souvent considéré à tort comme une destination finale, un état idéal où l'on est perpétuellement fort, confiant et invulnérable. Cependant, la véritable empowerment est beaucoup plus nuancée. Il s'agit d'un processus de reconnaissance de votre valeur, de votre pouvoir intérieur et de votre voix unique. Cela ne signifie pas que vous ne ressentirez jamais de peur, de doute ou d'hésitation ; cela signifie plutôt que vous savez que vous avez en vous les ressources nécessaires pour affronter ces moments avec grâce et résilience. L'empowerment, dans ce sens, est une pratique – un engagement à grandir, à apprendre et à honorer continuellement votre vérité personnelle.

Ce livre a pour but de vous fournir des outils et des idées pour vous aider dans ce voyage. Considérez-le comme un guide de découverte de soi, un outil de réflexion et une source d'encouragement pour les jours où vous avez besoin d'un rappel supplémentaire de votre force.

Parfois, les changements les plus profonds naissent des plus petites actions. Ce livre met l'accent sur la réflexion quotidienne et les petites actions intentionnelles pour créer une transformation durable. Le processus d'autonomisation ne consiste pas à effectuer des changements radicaux ou à s'efforcer constamment. Il s'agit plutôt de cultiver des habitudes, des pratiques et des modes de pensée qui renforcent votre connexion à votre force intérieure, instant après instant, jour après jour. À travers chaque réflexion et chaque pratique, vous nourrirez votre amour-propre, gagnerez en clarté sur vos valeurs et développerez les ressources intérieures pour affronter les défis de la vie avec authenticité et résilience.

Les petits gestes que vous posez chaque jour – la façon dont vous commencez votre journée, les intentions que vous vous fixez, les mots que vous vous dites – constituent le fondement de votre force. En prêtant attention à ces détails, vous verrez que chaque jour est une occasion de renforcer votre lien avec vous-même et de vivre en accord avec vos valeurs et vos désirs les plus profonds.

Trouver votre chemin unique

Le parcours de chaque femme est différent. Les chemins vers l'autonomisation sont aussi divers que les femmes qui les empruntent. Ce livre n'a pas pour but d'imposer une solution universelle, mais plutôt de vous encourager à explorer les pratiques et les réflexions qui vous parlent le plus. Certains chapitres peuvent vous parler profondément, tandis que d'autres peuvent vous sembler moins pertinents, ce n'est pas grave. Ce livre est un outil destiné à être adapté à vos besoins, objectifs et expériences uniques. Utilisez-le comme un guide flexible qui soutient votre parcours individuel et votre croissance personnelle.

Chapitre 1

Découvrir votre noyau résilient

La résilience est souvent décrite comme la capacité à rebondir face à l'adversité, mais c'est bien plus que cela. Elle incarne une force profondément enracinée qui nous permet de traverser les complexités de la vie avec grâce et courage. Chaque femme possède un noyau résilient, un réservoir de force et de ténacité auquel elle peut accéder dans les moments difficiles. Ce chapitre vous invite à vous lancer dans un voyage de découverte de soi, vous aidant à reconnaître et à cultiver cette résilience intérieure.

En explorant cette question, il est important de comprendre que la résilience ne consiste pas seulement à endurer des difficultés ; elle consiste à s'épanouir face aux défis. Selon les chercheurs, la résilience est influencée par des facteurs internes et externes, notamment notre état d'esprit, nos systèmes de soutien et nos expériences de vie (Masten, 2001). En reconnaissant et en entretenant notre résilience, nous pouvons apprendre à exploiter cette force intérieure et à l'utiliser comme une force directrice dans notre vie quotidienne.

Les fondements de la résilience

Essentiellement, la résilience repose sur plusieurs fondements clés :

Conscience de soi : il est essentiel de comprendre vos pensées, vos sentiments et vos réactions pour accéder à votre noyau résilient. La conscience de soi vous permet d'identifier les déclencheurs et les schémas, vous aidant ainsi à relever les défis plus efficacement.

Auto-efficacité : il s'agit de la croyance en votre capacité à influencer les événements et les résultats de votre vie. Lorsque vous croyez en vos capacités, vous êtes plus susceptible de prendre des risques et d'affronter les défis de front (Bandura, 1997).

Liens sociaux : des relations solides et des réseaux de soutien peuvent considérablement améliorer votre résilience. Le fait de communiquer avec les autres apporte un soutien émotionnel, des conseils et des encouragements, vous aidant à vous sentir moins isolé dans les moments difficiles.

Adaptabilité : la vie est pleine d'incertitudes, et être capable de s'adapter vous permet d'ajuster vos attentes et vos stratégies en fonction des circonstances. Accepter le changement comme une partie naturelle de la vie peut vous aider à garder les pieds sur terre.

Objectif et sens : Avoir un objectif vous donne une direction et une motivation, même face à l'adversité. Réfléchir à vos valeurs et à ce qui compte le plus pour vous peut vous aider à cultiver un état d'esprit résilient.

Reconnaître votre noyau résilient

Pour découvrir votre noyau résilient, commencez par réfléchir aux expériences passées où vous avez fait face à des défis et en êtes ressorti plus fort. Posez-vous les questions suivantes :

- Quelles situations difficiles ai-je surmontées dans ma vie ?

- Quelles qualités ou forces m'ont aidé à surmonter ces défis ?

- Comment me suis-je senti pendant et après ces expériences ?

- Pensez à tenir un journal pour noter vos pensées et vos réflexions. Écrire sur vos expériences peut vous apporter clarté et perspicacité, révélant une force intérieure que vous n'aviez peut-être pas pleinement reconnue.

Il peut également être utile d'identifier les stratégies que vous avez utilisées pour faire face à l'adversité. Avez-vous cherché du soutien auprès de vos amis ou de votre famille ? Avez-vous participé à des activités qui vous ont apporté de la joie ou du réconfort ? Reconnaître ces mécanismes d'adaptation vous permettra d'accéder à votre noyau résilient à l'avenir.

Pratiques quotidiennes pour cultiver la résilience

Une fois que vous avez commencé à identifier votre noyau résilient, il est essentiel d'intégrer des pratiques quotidiennes qui renforcent cette force intérieure. Voici quelques étapes pratiques pour vous aider à entretenir votre résilience :

Méditation de pleine conscience : la pratique de la pleine conscience peut améliorer la conscience de soi et la régulation émotionnelle. Prenez quelques minutes chaque jour pour vous concentrer sur votre respiration, observer vos pensées et cultiver un sentiment de présence. Des études ont montré que la pleine conscience peut réduire le stress et augmenter la résilience (Kabat-Zinn, 1990).

Affirmations positives : Commencez votre journée avec des affirmations positives qui renforcent votre force et vos capacités. Des phrases telles que « Je suis résilient », « Je peux surmonter les défis » ou « Je fais confiance à ma sagesse intérieure » peuvent vous aider à changer votre état d'esprit et à renforcer votre efficacité personnelle.

Fixer des objectifs : établissez des objectifs clairs et réalisables qui correspondent à vos valeurs. Diviser les objectifs les plus ambitieux en tâches plus petites et plus faciles à gérer peut vous aider à maintenir votre concentration et votre motivation. Célébrez vos progrès au fil du temps, aussi petits soient-ils.

Pratique de la gratitude : cultiver la gratitude peut améliorer votre bien-être général et votre résilience. Prenez un moment chaque jour pour réfléchir aux choses pour lesquelles vous êtes reconnaissant, qu'elles soient grandes ou petites. Cette pratique peut changer votre perspective et vous aider à apprécier les aspects positifs de votre vie.

Activité physique : Pratiquer une activité physique régulière est non seulement bénéfique pour votre santé physique, mais aussi pour votre bien-être mental. Il a été démontré que l'exercice réduit le stress et l'anxiété, améliore l'humeur et les fonctions cognitives (Peluso et Andrade, 2005). Trouvez des activités que vous aimez et intégrez-les régulièrement à votre routine.

Accepter les défis comme des opportunités de croissance

L'un des aspects les plus profonds de la résilience est la capacité à considérer les défis comme des opportunités de croissance. Face à l'adversité, posez-vous les questions suivantes :

- Que puis-je apprendre de cette expérience ?

- Comment ce défi peut-il contribuer à ma croissance personnelle ?

- De quelles manières puis-je appliquer les leçons apprises à des situations futures ?

- En repensant les défis de cette manière, vous cultivez un état d'esprit qui favorise la résilience et la croissance. Cette perspective renforce non seulement votre âme, mais vous permet également d'aborder la vie avec confiance et détermination.

Les histoires ont la capacité unique d'illustrer la résilience en action. Que ce soit par le biais de la littérature, du cinéma ou de récits personnels, les récits nous permettent de nous connecter aux expériences des autres, offrant inspiration et espoir. Pensez à lire ou à écouter les histoires de femmes qui ont surmonté l'adversité et ont prospéré. Ces récits peuvent fournir des informations précieuses et nous rappeler la force inhérente à chacun d'entre nous.

En outre, pensez à partager vos propres histoires avec d'autres. Le fait de parler de vos expériences peut favoriser les liens et inspirer les autres dans leur parcours. En partageant votre récit, vous découvrirez peut-être de nouvelles perspectives sur votre résilience et les forces qui vous ont aidé tout au long de votre parcours.

Mantra et actions quotidiennes

Mantra du jour :

« Je suis résiliente. J'accède à ma force avec grâce et courage chaque jour. »

Actions quotidiennes :

Pratiquez la conscience de soi : passez 10 minutes aujourd'hui à réfléchir à vos pensées et à vos sentiments. Tenez un journal sur un défi récent et sur la façon dont vous l'avez surmonté.

Communiquez avec les autres : contactez un ami ou un membre de votre famille pour une conversation encourageante. Partagez une histoire de résilience qui vous inspire.

Fixez-vous une intention : définissez un objectif personnel pour la journée qui correspond à vos valeurs. Écrivez-le et prenez des mesures concrètes pour y parvenir.

Adoptez l'adaptabilité : identifiez une situation dans laquelle vous pouvez faire preuve de plus de flexibilité. Qu'il s'agisse de changer de plan ou d'essayer une nouvelle approche, acceptez le changement.

Bougez : consacrez 30 minutes à une activité physique aujourd'hui. Que ce soit une promenade, du yoga ou une séance d'entraînement, bougez votre corps pour élever votre esprit.

Citation pour la réflexion :

« La résilience n'est pas seulement la capacité d'endurer, mais le courage de se relever et de s'épanouir. »

Note brève :

Aujourd'hui, laissez votre mantra résonner comme un rappel de la force que vous portez en vous. La résilience ne consiste pas seulement à survivre, mais à prospérer malgré les défis. Chaque action que vous entreprenez aujourd'hui, qu'il s'agisse de réfléchir, de vous connecter ou de bouger votre corps, fortifie ce noyau intérieur. En incarnant ce mantra, rappelez-vous que votre parcours est unique et que chaque pas que vous faites témoigne de votre pouvoir.

Actions du jour :

- Réfléchissez à votre force et écrivez à ce sujet.

- Partagez une histoire de résilience avec un proche.

- Bougez votre corps pendant au moins 30 minutes pour augmenter votre énergie.

- Définissez une intention qui résonne avec vos valeurs.

Chapitre 2

Accepter la vulnérabilité comme un pouvoir

La vulnérabilité est souvent mal comprise dans une société qui valorise la ténacité et l'autonomie. Beaucoup associent vulnérabilité et faiblesse, craignant qu'elle ne conduise à une exposition ou à un rejet. Pourtant, accepter la vulnérabilité est l'une des choses les plus puissantes que vous puissiez faire dans votre parcours de croissance personnelle et de résilience. Il faut du courage pour être ouvert à propos de vos sentiments, pour demander de l'aide en cas de besoin et pour affronter vos peurs. En comprenant la vulnérabilité comme un aspect de votre force, vous pouvez libérer un pouvoir personnel profond et créer des liens plus profonds avec les autres.

Dans son ouvrage influent sur la vulnérabilité et la honte, Brené Brown, chercheuse et auteure de renom, soutient que la vulnérabilité n'est pas un signe de faiblesse ; elle est plutôt le berceau de l'innovation, de la créativité et du changement (Brown, 2012). Lorsque nous nous autorisons à être vulnérables, nous nous autorisons à être authentiques, ce qui peut conduire à des liens authentiques avec les autres et favoriser un sentiment d'appartenance.

Le pouvoir de la vulnérabilité

La vulnérabilité implique d'accepter l'incertitude et l'exposition émotionnelle. Cela peut être difficile, car cela signifie souvent affronter nos peurs et nos insécurités. Cependant, les avantages de l'acceptation de la vulnérabilité dépassent de loin les risques. Voici quelques-unes des façons dont la vulnérabilité nous donne du pouvoir :

Authenticité : Lorsque nous sommes vulnérables, nous montrons au monde notre véritable identité. Cette authenticité favorise la confiance et la connexion, nous permettant de construire des relations plus profondes avec les autres. Les gens sont souvent attirés par ceux qui sont authentiques et vrais, ce qui peut conduire à des interactions plus significatives.

Croissance émotionnelle : la vulnérabilité ouvre la porte à l'exploration émotionnelle. Lorsque nous nous autorisons à ressentir et à exprimer nos émotions, qu'il s'agisse de joie, de tristesse, de colère ou de peur, nous ouvrons la voie à la guérison et à la croissance émotionnelles. Reconnaître nos sentiments nous aide à mieux nous comprendre et à surmonter les défis de la vie avec plus de facilité.

Courage et résilience : accepter la vulnérabilité demande du courage. Chaque fois que nous sortons de notre zone de confort et affrontons nos peurs, nous développons notre résilience. Nous apprenons que nous pouvons survivre à l'inconfort et à l'incertitude, ce qui renforce notre capacité à affronter les défis futurs.

Créativité et innovation : la vulnérabilité peut conduire à une plus grande créativité. Lorsque nous abandonnons la peur de l'échec et nous autorisons à prendre des risques, nous ouvrons de nouvelles possibilités d'expression et d'innovation. Les efforts créatifs naissent souvent d'un état de vulnérabilité, où nous explorons de nouvelles idées sans la pression de la perfection.

Lien et appartenance : partager nos vulnérabilités favorise les liens. Lorsque nous permettons aux autres de voir nos difficultés et nos insécurités, nous les invitons à partager les leurs également. Cette compréhension mutuelle crée un sentiment d'appartenance et nous rappelle que nous ne sommes pas seuls dans nos expériences.

Surmonter la peur de la vulnérabilité

Malgré ses nombreux avantages, la vulnérabilité peut être intimidante. La peur d'être jugé ou rejeté nous empêche souvent de nous ouvrir. Pour accepter la vulnérabilité, il est essentiel de reconnaître et d'affronter ces peurs. Voici quelques stratégies pour vous aider à surmonter la peur de la vulnérabilité :

Remettez en question vos croyances négatives : examinez vos croyances sur la vulnérabilité. Sont-elles basées sur des expériences passées ou sur des attentes sociétales ? Remettez en question ces croyances en recherchant des preuves qui les contredisent. Rappelez-vous que la vulnérabilité peut conduire à des résultats positifs.

Commencez petit à petit : commencez votre voyage vers la vulnérabilité en procédant par petites étapes. Partagez une histoire personnelle avec un ami de confiance ou exprimez vos sentiments dans un journal. Au fur et à mesure que vous vous sentez plus à l'aise avec la vulnérabilité, vous pouvez prendre de plus grands risques.

Pratiquez l'autocompassion : soyez indulgent envers vous-même lorsque vous faites face à la vulnérabilité. Reconnaissez que c'est un processus qui prend du temps et qu'il est normal de se sentir mal à l'aise. Traitez-vous avec la même compassion que vous témoigneriez à un ami dans une situation similaire.

Entourez-vous de personnes qui vous soutiennent : recherchez des personnes qui vous encouragent et vous encouragent. Avoir un réseau de soutien peut vous aider à accepter plus facilement la vulnérabilité, car vous vous sentirez plus en sécurité pour partager votre personnalité authentique avec ceux qui vous apprécient et vous respectent.

Repenser l'échec : changez votre point de vue sur l'échec. Au lieu de le considérer comme quelque chose de négatif, voyez-le comme une opportunité de croissance et d'apprentissage. Accepter la vulnérabilité signifie accepter que les erreurs font partie du parcours.

Accepter la vulnérabilité dans la vie quotidienne

Intégrer la vulnérabilité dans votre vie quotidienne peut conduire à une croissance personnelle significative et à des relations plus profondes. Voici quelques moyens pratiques d'intégrer la vulnérabilité dans vos interactions quotidiennes :

Partagez vos sentiments : que ce soit avec vos amis, votre famille ou vos collègues, exercez-vous à exprimer ouvertement vos émotions. Partagez vos pensées et vos sentiments honnêtement, même lorsque cela vous met mal à l'aise. Cette ouverture peut favoriser des liens plus profonds et créer un espace sûr pour que les autres fassent de même.

Demander de l'aide : Reconnaître que vous avez besoin de soutien est un acte puissant de vulnérabilité. N'hésitez pas à vous tourner vers vos amis, votre famille ou des professionnels lorsque vous rencontrez des difficultés. Demander de l'aide est un signe de force, pas de faiblesse.

Engagez des conversations honnêtes : favorisez un dialogue ouvert dans vos relations. Encouragez les conversations qui approfondissent des sujets plus profonds, tels que les peurs, les aspirations et les expériences. Ces discussions peuvent renforcer vos liens et créer un sentiment d'intimité.

Prenez des risques : sortez de votre zone de confort et essayez de nouvelles choses. Qu'il s'agisse de vous lancer dans un nouveau passe-temps, de vous lancer dans un projet ambitieux ou de prendre la parole en public, prendre des risques peut renforcer votre confiance en vous et votre capacité à vous exposer à des vulnérabilités.

Réfléchissez à vos expériences : tenir un journal peut être un outil puissant pour réfléchir à vos expériences de vulnérabilité. Écrivez sur les moments où vous vous êtes senti vulnérable, sur la façon dont vous avez géré ces sentiments et sur ce que vous avez appris de cette expérience. Cette réflexion peut approfondir votre compréhension de la vulnérabilité comme source de force.

Vulnérabilité et leadership

Accepter la vulnérabilité n'est pas seulement pertinent dans les relations personnelles ; cela joue également un rôle crucial dans un leadership efficace. Les dirigeants qui font preuve de vulnérabilité créent une culture de confiance et d'ouverture au sein de leurs équipes. Ils favorisent des environnements où les membres de l'équipe se sentent en sécurité pour exprimer leurs idées et leurs préoccupations, ce qui conduit à une collaboration et une innovation accrues.

Selon Brown (2018), les dirigeants vulnérables sont plus accessibles et plus proches de leurs collègues, ce qui encourage les autres à partager leurs points de vue. Cette ouverture peut conduire à une meilleure prise de décision, car des points de vue divers sont pris en compte. De plus, lorsque les dirigeants font preuve de vulnérabilité, ils permettent à leurs équipes d'assumer leur authenticité, favorisant ainsi une culture de travail plus inclusive et dynamique.

Pour beaucoup, accepter sa vulnérabilité est une étape essentielle du processus de guérison. Reconnaître et exprimer ses émotions difficiles est essentiel pour la guérison émotionnelle. Les traumatismes et les expériences négatives peuvent entraîner des sentiments d'isolement, de honte et de peur. Cependant, s'autoriser à être vulnérable peut ouvrir la voie à la guérison et à la reconnexion.

Les pratiques thérapeutiques soulignent souvent l'importance de la vulnérabilité dans la guérison. Partager votre histoire dans un environnement sûr et favorable peut faciliter la compréhension et l'acceptation, conduisant à la croissance et à la transformation personnelles. En affrontant vos vulnérabilités, vous pouvez trouver de la force dans votre histoire, ce qui vous permettra d'avancer.

Cultiver une culture de vulnérabilité

Créer une culture qui accepte la vulnérabilité commence par vous. Que ce soit dans votre vie personnelle, sur votre lieu de travail ou dans votre communauté, vous pouvez inspirer les autres à accepter la vulnérabilité en faisant preuve d'ouverture et d'authenticité. Voici quelques étapes pour favoriser une culture de vulnérabilité :

Donnez l'exemple : soyez le premier à partager vos expériences et vos sentiments. Votre volonté d'être vulnérable peut encourager les autres à faire de même.

Créez des espaces sûrs : favorisez des environnements où les gens se sentent en sécurité pour s'exprimer. Cela peut impliquer d'établir des règles de base pour un dialogue ouvert, d'encourager l'écoute active et de valider les sentiments des autres.

 encouragez l'introspection et l'exploration émotionnelle au sein de votre communauté. Que ce soit par le biais d'ateliers, de discussions de groupe ou de séances de journalisation, offrez aux individus l'occasion d'approfondir leurs vulnérabilités.

 reconnaissez et célébrez les actes de vulnérabilité au sein de votre communauté. Mettez en valeur les histoires de résilience et de force qui naissent de la vulnérabilité, renforçant ainsi son importance en tant que source de pouvoir.

Mantra et actions quotidiennes

Mantra du jour

« J'accepte ma vulnérabilité comme ma force, sachant que le véritable courage réside dans l'authenticité. »

Citation du jour :

« La vulnérabilité est le berceau de l'innovation, de la créativité et du changement. » — Brené Brown

Note brève :

La vulnérabilité est souvent perçue comme une faiblesse, mais elle est en réalité une source profonde de force et de résilience. En nous autorisant à être vulnérables, nous nous ouvrons à l'authenticité et à des liens plus profonds avec les autres. Il faut du courage pour être honnête à propos de nos sentiments et de nos expériences, mais grâce à cette authenticité, nous créons un espace de croissance, de guérison et de compréhension. Accepter la vulnérabilité invite la créativité et l'innovation dans nos vies, nous permettant d'avancer avec un objectif et des liens renouvelés.

Actions du jour :

Pratiquez l'introspection : prenez 10 à 15 minutes pour réfléchir à un moment où vous vous êtes senti vulnérable. Décrivez comment cette expérience vous a affecté et ce que vous en avez appris.

Partagez votre histoire : contactez un ami ou un membre de votre famille en qui vous avez confiance et racontez-lui une expérience personnelle qui vous rend vulnérable. Parlez ouvertement de vos sentiments à ce sujet.

Pratiquez la respiration consciente : passez quelques minutes à vous concentrer sur votre respiration. Inspirez profondément en imaginant l'acceptation de vos vulnérabilités et expirez toute peur ou honte qui y est associée.

Écrivez dans votre journal : consacrez une page de votre journal à l'exploration de ce que signifie pour vous la vulnérabilité. Réfléchissez à la façon dont elle a façonné votre vie et vos relations.

Terminez votre journée avec gratitude : avant d'aller vous coucher, faites une liste de trois choses pour lesquelles vous êtes reconnaissant et qui impliquent des moments de vulnérabilité. Réfléchissez à la façon dont ces moments ont contribué à votre croissance personnelle.

Chapitre 3

Reconquérir ses limites personnelles

Dans le monde trépidant et interconnecté d'aujourd'hui, le concept de limites personnelles peut souvent sembler difficile à définir. Pourtant, établir et respecter ces limites est essentiel pour maintenir le bien-être mental, émotionnel et physique.

Comprendre les limites personnelles

Les limites personnelles sont les limites et les règles que nous nous imposons dans nos relations. Elles définissent la manière dont nous permettons aux autres de nous traiter et dont nous y réagissons. Ces limites peuvent être physiques, émotionnelles ou psychologiques et varient d'une personne à l'autre. Les limites physiques concernent notre espace personnel et notre vie privée, tandis que les limites émotionnelles concernent nos sentiments et le soutien émotionnel dont nous avons besoin de la part des autres. Les limites psychologiques concernent nos pensées et nos opinions, garantissant ainsi que nous préservons notre individualité et notre autonomie.

Il est essentiel de reconnaître et de comprendre ses limites personnelles, car elles servent de mesure de protection contre l'épuisement professionnel, le ressentiment et la détresse émotionnelle. Lorsque nos limites sont respectées, nous nous sentons en sécurité et valorisés dans nos relations. À l'inverse, lorsqu'elles sont violées, nous pouvons ressentir de l'anxiété, de la frustration et de l'impuissance.

L'importance de fixer des limites

Respect de soi : fixer des limites est un acte de respect de soi. En établissant ce qui est acceptable et inacceptable dans nos interactions avec les autres, nous affirmons notre valeur et priorisons nos besoins.

Relations saines : les limites favorisent des relations plus saines. Elles créent un cadre de communication ouverte et de respect mutuel, permettant aux deux parties d'exprimer leurs besoins sans crainte de jugement ou de représailles.

Sécurité émotionnelle : les limites personnelles sont essentielles pour la sécurité émotionnelle. Elles nous permettent de protéger nos sentiments et notre santé mentale, en créant un espace où nous pouvons être vulnérables sans craindre d'être exploités.

Prévention de l'épuisement professionnel : lorsque nous établissons des limites claires, nous sommes moins susceptibles d'assumer des responsabilités qui épuisent notre énergie. Cela permet de prévenir l'épuisement professionnel et de préserver notre santé physique et émotionnelle.

Croissance personnelle : les limites encouragent la croissance personnelle en nous permettant d'explorer nos propres intérêts, désirs et objectifs sans l'influence indue des autres. Elles créent un environnement sûr pour la découverte de soi et l'autonomisation.

Techniques pour établir des limites personnelles

Il peut être difficile d'établir des limites personnelles, surtout si vous n'avez pas l'habitude d'affirmer vos besoins. Cependant, les techniques suivantes peuvent vous aider à retrouver et à maintenir efficacement vos limites personnelles :

Identifiez vos besoins et vos limites : La première étape pour fixer des limites consiste à comprendre vos propres besoins et limites. Réfléchissez aux situations dans lesquelles vous vous sentez dépassé, épuisé ou mal à l'aise. Prenez note de ce qui déclenche ces sentiments et de votre réaction idéale. Cette prise de conscience de soi est essentielle pour exprimer vos limites aux autres.

Communiquez clairement : une fois que vous avez identifié vos limites, il est essentiel de les communiquer clairement et avec assurance. Utilisez des phrases à la première personne pour exprimer vos sentiments et vos besoins. Par exemple, au lieu de dire « Tu m'interromps toujours », vous pouvez dire « Je ne me sens pas entendu lorsque je suis interrompu pendant une conversation ». Cette approche minimise la défensive et ouvre la porte à un dialogue constructif.

Entraînez-vous à dire non : apprendre à dire non est une compétence essentielle pour fixer des limites. De nombreuses personnes ont du mal à le faire parce qu'elles ont peur de décevoir les autres ou de provoquer des conflits. N'oubliez pas que dire non ne fait pas de vous une mauvaise personne ; cela signifie simplement que vous accordez la priorité à votre bien-être. Commencez par de petits non pour renforcer votre confiance en vous, puis progressez progressivement vers des limites plus importantes.

Soyez cohérent : la cohérence est essentielle pour maintenir des limites. Si vous autorisez des exceptions à vos limites, cela peut dérouter les autres. Restez ferme dans vos décisions et communiquez clairement tout changement.

Adoptez un langage corporel assertif : votre langage corporel peut renforcer votre communication verbale. Maintenez un contact visuel, tenez-vous droit et utilisez un ton de voix calme. Cette assertivité transmet de la confiance et aide les autres à reconnaître vos limites.

Créez un espace physique : si quelqu'un empiète sur vos limites physiques, créez une distance lorsque cela est possible. Cela peut impliquer de réorganiser votre espace de travail ou de prendre du recul dans les situations sociales. L'espace physique peut signaler aux autres que vous avez besoin que vos limites soient respectées.

Recherchez du soutien : il peut être difficile de fixer et de maintenir des limites, en particulier dans les relations où ces limites ont été violées par le passé. Recherchez le soutien d'amis, de membres de votre famille ou de professionnels qui peuvent vous apporter encouragements et conseils pendant ce processus.

Prenez soin de vous : il est essentiel de donner la priorité à vos soins personnels pour maintenir vos limites. Participer à des activités qui nourrissent votre esprit, votre corps et votre âme vous aide à vous ressourcer et renforce l'importance de vos limites.

Réévaluez régulièrement : vos besoins et vos limites peuvent changer au fil du temps. Réévaluez régulièrement vos limites pour vous assurer qu'elles continuent de servir votre bien-être. Soyez ouvert à les ajuster si nécessaire.

Acceptez que tout le monde ne comprendra pas : certaines personnes peuvent résister à vos limites ou y réagir négativement. Il est essentiel d'accepter que tout le monde ne comprendra pas votre besoin de limites. Restez fidèle à vous-même et à vos besoins, même face à l'opposition.

Respecter les limites des autres

Établir vos limites n'est qu'une partie de l'équation ; respecter les limites des autres est tout aussi important. Voici quelques moyens de respecter les limites de ceux qui vous entourent :

Écoutez activement : lorsque quelqu'un vous communique ses limites, écoutez-le sans l'interrompre. Reconnaissez ses sentiments et validez ses besoins.

Demandez des éclaircissements : si vous n'êtes pas sûr des limites de quelqu'un, demandez des éclaircissements. Cela montre que vous respectez ses besoins et que vous êtes prêt à faire des ajustements pour y répondre.

Évitez de faire des suppositions : ne présumez pas que vous connaissez les limites de quelqu'un. Chaque personne est unique et ses besoins peuvent différer des vôtres. Prenez le temps de vous renseigner directement sur ses limites.

Soyez ouvert aux commentaires : si quelqu'un exprime un malaise ou demande un changement de limites, soyez ouvert à ses commentaires. Cette volonté d'adaptation témoigne du respect et renforce la relation.

Soyez un modèle de limites saines : en montrant l'exemple, vous encouragez les autres à faire de même. Lorsque vous respectez vos propres limites, vous envoyez le message que les limites sont essentielles dans les relations.

Mantra et actions quotidiennes

Mantra du jour

« J'honore mes besoins et j'établis des limites qui protègent ma paix et mon bien-être. »

Citations du jour

« Les limites font partie des soins personnels. Elles sont saines, normales et nécessaires. » — Doreen Virtue

« De bonnes limites sont la base de relations saines. » — Dr Henry Cloud

« Les limites sont la distance à laquelle je peux vous aimer et m'aimer simultanément. » — Prentis Hemphill

« Vos limites personnelles protègent le noyau profond de votre identité et votre droit de choisir. » — Gerard Manley Hopkins

Note brève :

Établir des limites personnelles est un acte essentiel d'amour et de respect de soi. Les limites ne sont pas des murs qui nous isolent, mais plutôt des mesures de protection qui nous permettent d'interagir avec le monde avec force et clarté.

En respectant nos limites, nous nous donnons les moyens de créer des relations plus saines, de préserver notre bien-être émotionnel et de préserver notre identité. Comprendre qu'il est parfaitement acceptable de dire « non » ou d'exiger de l'espace favorise la résilience et l'authenticité dans nos interactions. Aujourd'hui, engageons-nous à fixer et à respecter nos limites, en reconnaissant qu'elles sont essentielles à notre croissance personnelle et à notre sécurité émotionnelle.

Actions du jour :

Identifiez vos limites : prenez quelques instants pour réfléchir aux situations dans lesquelles vous vous sentez dépassé ou mal à l'aise. Notez des situations spécifiques dans lesquelles vous devez établir des limites plus claires.

Communiquez vos limites : Choisissez une personne dans votre vie avec laquelle vous pouvez partager vos besoins en matière de limites. Utilisez des phrases commençant par « je » pour exprimer comment certaines actions vous affectent et ce dont vous avez besoin pour vous sentir respecté.

Entraînez-vous à dire non : identifiez une demande ou une obligation que vous souhaitez refuser cette semaine. Entraînez-vous à dire non de manière respectueuse, soit devant un miroir, soit avec un ami de confiance.

Créez un espace personnel : désignez un espace physique dans votre maison qui vous semble sûr et paisible. Utilisez cet espace pour vous détendre, réfléchir ou faire des activités qui vous ressourcent.

Pratiquez un exercice de pleine conscience : passez 10 à 15 minutes en pleine conscience ou en méditation, en vous concentrant sur votre respiration. Visualisez vos limites comme une barrière protectrice qui laisse entrer l'énergie positive tout en empêchant la négativité d'entrer.

Réfléchissez à vos valeurs : prenez le temps de noter ce qui compte vraiment pour vous. Réfléchissez à la manière dont vos valeurs façonnent les limites que vous souhaitez fixer. Identifiez au moins trois valeurs fondamentales qui influencent vos interactions avec les autres.

Évaluez vos relations actuelles : faites le point sur vos relations. Y a-t-il des personnes qui dépassent constamment vos limites ? Notez des exemples précis et réfléchissez à la manière dont vous pouvez gérer ces situations.

Écrivez une déclaration de limites : rédigez une déclaration concise qui décrit clairement une limite que vous souhaitez établir. Par exemple, « J'ai besoin de temps pour me ressourcer après le travail avant de pouvoir participer à des activités sociales. » Entraînez-vous à formuler cette déclaration à vous-même ou à un ami.

Pratiquez l'affirmation de soi : identifiez un domaine de votre vie dans lequel vous avez du mal à affirmer vos limites. Jouez des scénarios avec un ami de confiance pour renforcer votre confiance en vous et en votre capacité à vous défendre.

Prenez soin de vous : consacrez du temps aujourd'hui à une activité de soins personnels qui vous redonne de l'énergie. Cela peut être la lecture, prendre un bain, faire une promenade ou toute autre activité qui vous apporte joie et détente.

Évaluez les limites des réseaux sociaux : réfléchissez à vos habitudes sur les réseaux sociaux. Y a-t-il des comptes ou des interactions qui vous épuisent ou vous mettent mal à l'aise ? Pensez à vous désabonner ou à désactiver ces sources pour créer un espace en ligne plus sain.

Identifiez les déclencheurs émotionnels : prenez le temps de réfléchir aux situations qui vous bouleversent ou vous accablent. Dressez une liste de déclencheurs spécifiques qui indiquent que vos limites peuvent être dépassées.

Visualisez vos limites : imaginez vos limites comme une aura protectrice autour de vous. Visualisez comment cette aura se renforce lorsque vous affirmez vos besoins. Cet exercice mental peut vous aider à renforcer votre estime de soi.

Créez un contrat personnel de limites : rédigez un contrat avec vous-même décrivant les limites spécifiques que vous souhaitez établir dans votre vie. Prévoyez des conséquences lorsque ces limites sont franchies, en soulignant l'importance de les respecter.

Engagez un dialogue ouvert : choisissez une personne dans votre vie avec laquelle vous vous sentez à l'aise pour discuter de vos limites. Entraînez-vous à exprimer vos besoins et à écouter également son point de vue. Cette communication ouverte peut approfondir votre relation.

Réfléchissez à vos expériences passées : pensez à un moment où vous avez réussi à fixer des limites. Notez ce que vous avez appris de cette expérience et ce que vous avez ressenti. Cette réflexion peut renforcer votre capacité à établir des limites à l'avenir.

 identifiez les sources de négativité dans votre vie, que ce soit dans vos relations, sur les réseaux sociaux ou dans votre environnement. Prenez des mesures pour limiter votre exposition à ces influences, en sachant qu'il est normal de protéger votre paix intérieure.

 fixez des limites à votre temps d'écran ou définissez des moments précis pour consulter vos e-mails et vos réseaux sociaux. Cela permet de créer un espace pour des interactions plus significatives et du temps personnel.

En adoptant ces mesures, vous faites des pas décisifs vers la reconquête de vos limites personnelles. Chaque décision que vous prenez renforce votre estime de soi et votre engagement envers votre bien-être émotionnel. N'oubliez pas que les limites ne sont pas seulement une question de protection ; elles ouvrent également la porte à des relations plus saines et plus épanouissantes. En mettant en pratique ces principes, ayez confiance dans le fait que vous créez une vie qui respecte vos besoins et votre parcours. Acceptez la force qui vient de l'établissement de limites et permettez-vous de grandir dans le processus.

Chapitre 4

Éveil à l'auto-compassion

L'autocompassion est un cheminement vers la bienveillance et la compréhension envers soi-même. Ce chapitre explore l'importance de cultiver la compassion intérieurement, de comprendre ses bienfaits et de partager une histoire personnelle pour éclairer la manière dont ce chemin peut apporter une transformation profonde.

Adopter l'autocompassion comme fondement de la croissance

L'autocompassion commence par l'acceptation de ses défauts personnels, de ses difficultés et de ses erreurs passées sans se juger soi-même. Contrairement à l'estime de soi, qui repose souvent sur les réalisations ou sur la façon dont on se compare aux autres, l'autocompassion est inconditionnelle. Elle enseigne que la gentillesse doit s'étendre au-delà des autres et s'étendre vers l'intérieur, en reconnaissant que, tout comme nous pardonnons aux autres, nous devons aussi nous pardonner à nous-mêmes. C'est une pratique qui consiste à se traiter soi-même avec la même douceur que nous traiterions un ami proche en difficulté.

Kristin Neff, chercheuse de premier plan dans le domaine de l'autocompassion, décrit trois composantes principales de l'autocompassion : la bienveillance envers soi-même, l'humanité commune et la pleine conscience. La bienveillance envers soi-même signifie s'abstenir de toute autocritique sévère et, au contraire, être patient et compréhensif. L'humanité commune nous rappelle que tout le monde connaît l'échec et la douleur, ce qui nous relie aux autres. Enfin, la pleine conscience nous permet de garder les pieds sur terre, en nous permettant de reconnaître nos émotions sans les laisser dominer nos pensées. Ensemble, ces éléments créent une base stable de bienveillance intérieure.

L'histoire de Karen Rice, une femme qui a trouvé un sens à sa vie après une lutte transformatrice, illustre parfaitement le cheminement vers l'éveil de la compassion envers soi-même. Après son diagnostic de cancer, Karen a dû faire face à la réalité de sa propre vulnérabilité et de son imperfection comme elle ne l'avait jamais fait auparavant. Ce fut une expérience douloureuse et épuisante, mais elle l'a forcée à affronter la réalité : elle ne pouvait plus aspirer à la perfection dans tous les aspects de sa vie. Karen a réalisé qu'elle devait se montrer aussi bienveillante envers elle-même qu'envers quelqu'un d'autre dans sa situation. Au fil du temps, elle a commencé à comprendre que son estime de soi n'était pas liée à sa santé ou à ses réalisations, mais plutôt à la valeur intrinsèque qu'elle portait en tant que personne. Ce changement l'a non seulement aidée à traverser son traitement, mais a également transformé sa vision de la vie et des relations.

Le parcours de Karen montre le pouvoir transformateur de l'autocompassion et comment elle peut nous permettre de vivre de manière plus authentique. Cette histoire met en évidence que l'autocompassion n'efface pas la douleur ou les difficultés, mais change plutôt la façon dont nous y réagissons. Son parcours de bienveillance envers elle-même illustre que notre capacité de résilience augmente lorsque nous sommes bienveillants envers nous-mêmes.

Développer l'autocompassion : étapes pratiques

L'éveil de l'autocompassion est un processus qui peut nécessiter plusieurs approches. Voici quelques étapes pour vous aider :

Méditation de pleine conscience : pratiquer la pleine conscience par la méditation est un moyen efficace d'accroître la conscience de soi. Un exercice simple consiste à s'asseoir tranquillement, à respirer profondément et à observer ses pensées sans porter de jugement. Cela permet de réduire les pensées critiques et d'accroître la compassion.

Écrire une lettre d'auto-compassion : Dans les moments de doute, essayez d'écrire une lettre avec une perspective compatissante, en imaginant que vous parlez à un ami qui a besoin d'encouragement.

Affirmations quotidiennes : Commencez chaque journée par des affirmations qui favorisent l'autocompassion, telles que « Je suis suffisant » ou « Je me pardonne ».

Reconnaître l'humanité commune : rappelez-vous que tout le monde est confronté à des difficultés. Cette perspective peut contribuer à réduire les sentiments d'isolement et d'auto-jugement.

Mantra et actions quotidiennes

Mantra du jour

« Je mérite la même compassion que j'offre aux autres. »

Citations du jour

« L'auto-compassion consiste simplement à faire preuve envers nous-mêmes de la même gentillesse que celle que nous ferions envers les autres. » — Christopher Germer

« Aimez-vous d'abord et tout le reste suivra. Il faut vraiment s'aimer soi-même pour accomplir quoi que ce soit dans ce monde. » — Lucille Ball

« Parlez-vous à vous-même comme vous le feriez avec quelqu'un que vous aimez. » — Brené Brown

« L'autocompassion est une façon de recharger notre propre batterie émotionnelle afin que nous puissions donner aux autres à partir d'un lieu de plénitude. » — Inconnu

Réflexion

Imaginez à quelle fréquence vous faites preuve de gentillesse envers les autres, en les aidant à traverser les moments difficiles et en les encourageant avec compréhension et attention.

Que se passerait-il si vous dirigiez cette même énergie vers vous-même ? Aujourd'hui, essayez de vous remémorer un moment où vous avez été dur avec vous-même et, au lieu de critiquer, répondez avec acceptation et douceur. Il ne s'agit pas d'ignorer vos erreurs ou vos faiblesses, mais de reconnaître que vous méritez la gentillesse et la grâce, tout comme les autres.

Action du jour

Méditation sur la bienveillance envers soi-même : asseyez-vous tranquillement pendant 5 à 10 minutes et placez votre main sur votre cœur. Répétez le mantra du jour en silence, en inspirant la bienveillance et en expirant le jugement de soi.

Journal de bord : Écrivez à propos d'un moment récent où vous avez fait preuve d'autocritique. Comment les choses auraient-elles pu changer si vous aviez fait preuve de plus de compassion envers vous-même ?

Rappel de compassion : placez un petit rappel sur votre téléphone ou votre bureau aujourd'hui pour faire une pause et vous dire quelque chose de gentil chaque fois que vous remarquez une autocritique.

Réflexion silencieuse : Trouvez un endroit calme et prenez cinq minutes pour fermer les yeux et respirer. À chaque respiration, imaginez que vous inspirez la paix et que vous expirez le jugement de vous-même. Permettez-vous de vous sentir entier tel que vous êtes.

Exercice d'écriture : Dans votre journal, notez trois choses sur vous-même que vous jugez souvent durement. Ensuite, pour chaque élément, écrivez une réponse pleine de compassion, comme si vous réconfortiez un ami proche.

Rappel de gentillesse : Collez un post-it sur votre miroir sur lequel est écrit : « Je mérite l'amour et la gentillesse. » Chaque fois que vous le voyez aujourd'hui, prenez le temps de réfléchir à cette vérité.

Recadrez doucement : surprenez-vous dans une pensée autocritique et reformulez-la consciemment pour la transformer en un rappel empreint de compassion. Par exemple, remplacez « Je fais toujours des erreurs » par « Je fais de mon mieux, et c'est suffisant ».

Écrivez-vous un petit mot affectueux : dans votre journal ou sur un post-it, écrivez une chose que vous appréciez chez vous aujourd'hui. Gardez-le à proximité pour vous en souvenir.

Bilan de la bienveillance : à la fin de la journée, réfléchissez à un moment où vous avez fait preuve de compassion envers vous-même. Réfléchissez à ce que vous avez ressenti et à la manière dont vous pourriez continuer à développer cette habitude.

Affirmation du matin : Lorsque vous commencez votre journée, regardez-vous dans le miroir et dites-vous : « Je suis suffisant comme je suis. » Répétez cette phrase plusieurs fois, en laissant les mots pénétrer votre esprit.

Pause pour la compassion : chaque fois que vous vous sentez sous pression ou stressé aujourd'hui, respirez profondément et rappelez-vous que la croissance est progressive et que la bienveillance envers soi-même alimente cette croissance.

À chaque geste bienveillant que vous faites à votre égard, vous renforcez votre esprit et augmentez votre capacité à vous montrer sous votre meilleur jour, à la fois pour vous-même et pour les autres. Embrassez votre cheminement avec douceur.

Chapitre 5

Abandonner le perfectionnisme

Le perfectionnisme se présente souvent comme une quête de l'excellence, un moyen d'atteindre ses objectifs et de contrôler ses forces. Pourtant, il peut être limitant et accablant. Pour ceux qui s'efforcent d'atteindre leur plein potentiel, le perfectionnisme peut facilement devenir un obstacle, enfermant les individus dans une boucle sans fin de doute de soi, de peur de l'échec et de réticence à prendre des risques. Accepter la croissance plutôt que la perfection implique d'apprendre à accepter qu'être humain signifie intrinsèquement que nous sommes imparfaits. Lorsque nous apprenons à abandonner le besoin d'être parfait, nous nous ouvrons à une véritable croissance, à la joie et à une connexion plus profonde et plus significative avec nous-mêmes et les autres.

Comprendre le perfectionnisme

Le perfectionnisme ne se résume pas à des standards élevés. C'est un état d'esprit qui impose des attentes irréalistes et qui cherche à éviter les erreurs à tout prix. Lorsque le perfectionnisme s'installe, chaque tâche, aussi minime soit-elle, devient un exercice intense pour atteindre les standards les plus élevés. Pour beaucoup, cela conduit à la procrastination, au stress et souvent à l'épuisement professionnel. La volonté d'atteindre la perfection peut saper le plaisir des activités, le remplaçant par de l'anxiété et une quête incessante de la perfection qui est presque impossible à maintenir.

L'un des principaux problèmes du perfectionnisme est qu'il assimile souvent l'estime de soi à la réussite. Dans cette optique, l'estime de soi fluctue en fonction du succès ou de l'échec, une erreur ou un échec étant ressenti comme un échec personnel plutôt que comme une partie naturelle du processus d'apprentissage. À son tour, cet état d'esprit peut éroder la résilience, ce qui rend difficile le rebond et l'acceptation des opportunités d'apprentissage qui découlent naturellement des erreurs. Le perfectionnisme peut conduire à un sentiment d'inadéquation et à une peur de la vulnérabilité, créant ainsi une barrière entre soi-même et une croissance personnelle authentique.

Pourquoi abandonner le perfectionnisme est essentiel à la croissance

La croissance implique l'exploration, l'expérimentation et parfois l'échec, autant d'aspects contre lesquels le perfectionnisme va à l'encontre. Accepter la croissance signifie comprendre que les erreurs ne sont pas le reflet d'une incompétence, mais des étapes essentielles vers l'apprentissage et l'amélioration personnelle. Lorsque nous nous accordons la liberté d'essayer, même si cela signifie risquer l'échec, nous ouvrons la porte à l'innovation, à l'adaptabilité et à la résilience.

Renoncer au perfectionnisme nous permet également de célébrer nos progrès plutôt que de nous concentrer sur ce que nous pourrions faire de plus. Cela nous aide à reconnaître que nous sommes suffisants tels que nous sommes, que notre parcours est unique et que la croissance vient de l'autocompassion, de la patience et de la persévérance plutôt que de la critique et de la pression. Passer d'un état d'esprit de perfectionnisme à un état d'esprit de croissance signifie redéfinir le succès comme un progrès et un apprentissage, plutôt que comme l'atteinte d'un objectif final étroitement défini et parfait.

Étapes pour surmonter le perfectionnisme

1. Reconnaître et remettre en question les pensées perfectionnistes

La première étape pour surmonter le perfectionnisme consiste à reconnaître les schémas de pensée qui le soutiennent. Ces pensées peuvent inclure des croyances telles que « Je ne suis digne que si je réussis » ou « Les erreurs signifient que je suis un échec ». Une fois que nous prenons conscience de ces croyances, nous pouvons les remettre en question et les remplacer par des perspectives plus saines et axées sur la croissance. Par exemple, reformuler « Je dois faire cela parfaitement » en « Je ferai cela du mieux que je peux » permet d'atténuer la pression de la perfection et d'ouvrir la voie à des attentes plus réalistes.

L'autocompassion est un autre outil puissant pour lutter contre le perfectionnisme. Lorsque nous faisons une erreur, nous pouvons nous rappeler que les erreurs font partie de la nature humaine. Au lieu de nous autocritiquer, nous pouvons nous demander : « Que puis-je apprendre de cela ? » ou « Comment puis-je m'améliorer la prochaine fois ? » Cette approche permet de déplacer l'attention de la recherche de la perfection vers le développement des compétences et de la résilience.

2. Fixez-vous des objectifs réalistes et acceptez les progrès progressifs

L'une des principales raisons pour lesquelles le perfectionnisme peut être si accablant est qu'il implique souvent de se fixer des objectifs trop ambitieux. Au lieu de viser la perfection, essayez de décomposer vos objectifs en étapes plus petites et plus atteignables. Se fixer des jalons vous permet de mesurer vos progrès, d'éprouver un sentiment d'accomplissement en cours de route et d'éviter d'être submergé par l'idée d'un résultat parfait. Il s'agit de reconnaître l'importance d'une amélioration constante au fil du temps plutôt que d'atteindre quelque chose d'un coup.

Adopter l'état d'esprit « le progrès plutôt que la perfection » peut être transformateur. En nous concentrant sur des améliorations progressives, nous pouvons réduire la pression de la performance et, au contraire, cultiver la patience et la résilience. Cette approche progressive nous permet de célébrer les petites victoires, de reconnaître la croissance et de nous sentir motivés à continuer d'avancer.

La pleine conscience nous permet de prendre conscience de nos pensées et de nos sentiments sans jugement. En pratiquant la pleine conscience, nous pouvons détecter les tendances perfectionnistes au fur et à mesure qu'elles apparaissent et y répondre avec compassion plutôt qu'avec dureté. Lorsqu'une pensée critique nous traverse l'esprit, comme « Je ne peux pas faire d'erreurs », nous pouvons faire une pause, observer la pensée et nous rappeler qu'il est normal de faire des erreurs. Cette prise de conscience nous aide à déplacer notre attention des normes externes vers un sentiment intérieur de satisfaction et de bien-être.

L'autocompassion est un puissant antidote au perfectionnisme. En nous traitant avec la même gentillesse et la même compréhension que nous offririons à un ami, nous pouvons réduire l'autocritique et cultiver une relation plus saine et plus solidaire avec nous-mêmes. L'autocompassion implique de reconnaître notre humanité commune, de comprendre que tout le monde a des difficultés et fait des erreurs. Lorsque nous nous approchons de nous-mêmes avec empathie, nous pouvons surmonter les tendances perfectionnistes et nous ouvrir à la possibilité d'apprendre et de grandir.

4. Reconsidérez l'échec comme une opportunité d'apprentissage

L'un des plus grands obstacles pour les perfectionnistes est la peur de l'échec. Pour s'éloigner du perfectionnisme, il est essentiel de considérer l'échec non pas comme un reflet de la valeur, mais comme une expérience d'apprentissage précieuse. Les erreurs sont souvent les meilleurs enseignants, elles offrent des perspectives et une compréhension que le succès seul ne peut pas apporter. Considérer l'échec comme un tremplin plutôt que comme un échec encourage la résilience et nous aide à aborder les défis avec curiosité et courage.

Au lieu de vous attarder sur vos erreurs, prenez le temps d'analyser ce que vous pouvez en apprendre. Posez-vous des questions telles que « Qu'est-ce que cette expérience m'a appris ? » ou « Comment puis-je utiliser ces connaissances pour aller de l'avant ? » Ce changement d'état d'esprit favorise une perspective axée sur la croissance, vous aidant à considérer l'échec comme une partie précieuse du parcours plutôt que comme une déviation de celui-ci.

5. Privilégiez l'authenticité plutôt que l'approbation

Le perfectionnisme est souvent alimenté par un désir d'approbation et de validation des autres. Cependant, cette validation externe peut être passagère et ne conduit pas à un épanouissement à long terme. Adopter l'authenticité signifie déplacer votre attention de la recherche d'approbation vers la fidélité à vos valeurs, vos intérêts et vos objectifs personnels. Lorsque nous privilégions l'authenticité plutôt que la perfection, nous devenons plus alignés avec notre véritable moi et plus connectés à notre chemin unique.

Vivre de manière authentique implique d'accepter à la fois nos forces et nos imperfections. Cela signifie se montrer tel que nous sommes réellement, même lorsque nous nous sentons vulnérables. Lorsque nous nous concentrons sur l'authenticité, nous développons notre force intérieure, notre acceptation de soi et le courage de prendre des risques, sans avoir peur du jugement ou de l'échec.

Renoncer au perfectionnisme ne signifie pas abaisser les standards ou abandonner les objectifs ; il s'agit d'adopter un état d'esprit qui valorise le progrès, la croissance et l'authenticité plutôt que des attentes rigides et irréalistes. Ce cheminement exige du courage, de la patience et de l'autocompassion, ainsi qu'une volonté d'accepter que les imperfections font partie de l'expérience humaine. Chaque pas qui s'éloigne du perfectionnisme est un pas vers la liberté, la résilience et l'épanouissement.

Lorsque nous abandonnons le perfectionnisme, nous nous autorisons à vivre plus pleinement, à nous connecter de manière plus authentique et à grandir d'une manière qui soit fidèle à qui nous sommes. C'est un voyage d'acceptation de soi et d'amour de soi, qui mène finalement à une vie plus riche et plus significative. Embrassez ce voyage, ayez confiance en votre valeur intrinsèque et accordez-vous la liberté d'être parfaitement imparfait.

Histoire personnelle sur le cheminement vers l'abandon du perfectionnisme

Pendant des années, j'ai lutté contre le perfectionnisme, car je croyais que tout ce que je faisais devait être parfait pour avoir de la valeur. Cet état d'esprit a façonné de nombreux aspects de ma vie – de mes études et de mon travail à mes relations personnelles – jusqu'à ce qu'il devienne évident que cette quête de perfection me freinait plus qu'elle ne m'aidait à avancer. Le besoin constant que les choses soient « parfaites » avant de pouvoir les dire « terminées » ou même de les partager était épuisant. Souvent, je me retrouvais dépassée, coincée dans des cycles sans fin de modifications et de doutes, abandonnant parfois même complètement des projets parce que je n'arrivais pas à les faire correspondre à mes normes toujours plus élevées.

Puis un jour, j'ai découvert une perspective qui allait tout changer : « Mieux vaut faire que faire parfaitement ». Cela m'a semblé libérateur, mais aussi difficile. En procédant par petites étapes, j'ai commencé à abandonner le besoin d'obtenir des résultats parfaits, choisissant plutôt d'accomplir les tâches même si elles n'étaient pas parfaites. Comme l'a expliqué le Dr Megan Pickens, apprendre à « accepter l'imperfection » m'a rappelé que ma véritable valeur et mon impact viennent de mon authenticité, et non de mon irréprochabilité. Chaque fois que je me suis lancée dans quelque chose qui n'était pas parfait, j'ai appris de précieuses leçons et, surtout, j'ai commencé à voir que les autres valorisaient mes efforts honnêtes plutôt que l'idée de « perfection » que j'avais en tête. Ce processus m'a permis de me connecter plus sincèrement aux autres et de créer avec un objectif, sans être entravée par le perfectionnisme.

Tout comme Terri Mullen, qui a vécu son parcours « avec peur et désordre », chaque pas en dehors de ma zone de confort est devenu un triomphe sur le perfectionnisme. Accepter la réalité selon laquelle la croissance passe par l'apprentissage – y compris les erreurs – m'a aidée à me libérer des contraintes de devoir toujours « faire les choses correctement ». Au final, le perfectionnisme n'était pas seulement un bouclier contre le jugement, mais aussi une barrière qui m'empêchait de réaliser mon potentiel. En le remettant en question, j'ai appris à me montrer telle que je suis réellement, avec mes défauts et tout, ouvrant la voie à la croissance, à la connexion et à un sens renouvelé de la finalité dans tout ce que je fais.

Mantra et actions quotidiennes

Mantra du jour

« J'embrasse la beauté dans l'imperfection, me permettant de grandir et d'évoluer librement. »

Citation

« La perfection n'est pas une chose raffinée. C'est souvent simplement une paix, un sentiment d'avoir trouvé sa voie, malgré les obstacles qui se dressent sur le chemin. »

Réflexion

Le perfectionnisme peut sembler une noble quête, mais il limite souvent nos expériences, nous empêchant de partager, de nous connecter et de créer de manière authentique. Plus nous acceptons nos imperfections, plus nous nous rapprochons du véritable travail qui consiste à devenir complet. Au lieu de chercher à être parfait, essayez d'incarner la paix à chaque pas que vous faites sur votre chemin.

Le perfectionnisme ne sert pas votre croissance, il sert votre peur. Que se passerait-il si, juste pour aujourd'hui, vous abandonniez le désir d'être parfait ? Imaginez l'espace que vous ouvririez pour apprendre, pour vous exprimer et pour être vraiment vu pour qui vous êtes.

Contrôle de libération

Identifiez une tâche aujourd'hui pour laquelle vous exigez habituellement la perfection. Permettez-vous de l'accomplir avec un effort « suffisant ». Réfléchissez à ce que vous ressentez lorsque vous laissez tomber cette pression supplémentaire.

Accepter les erreurs

Notez trois choses que vous avez faites récemment et qui étaient « imparfaites », mais qui ont néanmoins du sens ou de la valeur. Laissez-les vous rappeler que la valeur n'est pas liée à la perfection.

Pratiquez la bienveillance envers vous-même

Lorsque vous vous sentez critique envers vous-même, faites une pause. Placez votre main sur votre cœur et rappelez-vous doucement : « Je suis suffisant comme je suis. » Répétez cette phrase jusqu'à ce que vous ressentiez un sentiment de calme.

Partager de manière authentique

Partagez quelque chose aujourd'hui, qu'il s'agisse d'un projet, d'une pensée ou d'une histoire, avec quelqu'un d'autre sans avoir besoin que ce soit peaufiné ou parfait. Permettez à l'autre personne de vous voir dans votre authenticité.

Chapitre 7

Identifier vos valeurs fondamentales

Nos valeurs fondamentales sont les principes directeurs qui définissent ce qui compte vraiment pour nous et influencent les décisions, les relations et les actions qui composent notre vie. Cependant, dans le quotidien, il est facile de perdre le contact avec ces principes et de se laisser emporter par des attentes extérieures, ce qui nous donne le sentiment d'être déconnectés ou désalignés. Identifier et comprendre vos valeurs fondamentales sont des étapes essentielles pour créer une vie qui semble pleine de sens, épanouissante et authentique.

Comprendre les valeurs fondamentales

Les valeurs fondamentales sont des croyances profondément ancrées qui vous aident à déterminer ce qui est important, juste et épanouissant pour vous. Elles découlent souvent de nos expériences de vie, de notre culture, de notre contexte familial et de nos réflexions personnelles. Contrairement aux objectifs, qui sont des points de destination, les valeurs fondamentales sont des lumières qui nous guident dans nos choix. Par exemple, si vous accordez de l'importance à l'intégrité, vous prendrez probablement des décisions qui privilégient l'honnêteté et la transparence, même si elles comportent des défis. Si l'aventure est l'une de vos valeurs fondamentales, vous pourriez trouver de l'épanouissement en prenant des risques, en explorant de nouveaux endroits ou en essayant de nouvelles choses.

Ces valeurs sont propres à chaque individu et peuvent inclure des principes tels que :

Honnêteté : privilégier la véracité et la transparence.

Compassion : Se soucier profondément des autres et contribuer à leur bien-être.

Croissance : S'engager dans le développement personnel et l'apprentissage.

Liberté : Valoriser l'autonomie et l'indépendance.

Famille : Accorder de l'importance aux relations avec les proches.

Créativité : favoriser l'expression de soi et l'innovation.

Même si vos valeurs fondamentales peuvent se chevaucher avec celles des autres, la manière dont vous les hiérarchisez et les exprimez sera unique.

Pourquoi les valeurs fondamentales sont importantes

Aligner vos actions sur vos valeurs fondamentales vous procure un sentiment d'accomplissement que les réalisations extérieures ne peuvent à elles seules procurer. Cet alignement vous permet de :

Prenez des décisions éclairées : lorsque vous savez ce qui est important, la prise de décision devient plus claire. Au lieu de vous laisser influencer par des pressions extérieures ou une gratification immédiate, vous pouvez faire des choix en fonction de ce qui compte pour vous à long terme.

Fixez-vous des objectifs significatifs : les objectifs basés sur des valeurs fondamentales sont plus satisfaisants. Par exemple, si vous accordez de l'importance à votre santé, vous fixer comme objectif d'améliorer votre condition physique revient à honorer cette valeur plutôt qu'à simplement atteindre un objectif.

Développer sa résilience : connaître ses valeurs fondamentales peut vous aider à garder les pieds sur terre pendant les périodes difficiles. Si vous appréciez votre famille, vous pourriez trouver de la force en passant du temps avec vos proches lorsque la vie semble chaotique. Les valeurs agissent comme des ancres, procurant un sentiment d'objectif et de direction, même en période d'incertitude.

Construisez des relations plus solides : vivre selon des valeurs signifie également que vous attirerez des personnes qui correspondent à ce qui compte pour vous. En étant honnête à propos de vos principes, vous êtes susceptible de construire des relations authentiques où les deux parties se sentent vues et comprises.

Augmentez votre satisfaction dans la vie : vivre en accord avec vos valeurs peut vous apporter un plus grand sentiment de paix et de satisfaction. Au lieu de vous efforcer de vous adapter à la version de réussite de quelqu'un d'autre, vous créez une vie qui a du sens pour vous.

Étapes pour identifier vos valeurs fondamentales

Découvrir vos valeurs fondamentales peut nécessiter de l'introspection et de la patience, car elles ne sont souvent pas immédiatement claires. Voici un processus étape par étape pour vous aider à définir ce qui compte le plus pour vous :

Étape 1 : Réfléchissez à des expériences significatives

Pensez à des moments de votre vie qui vous ont semblé vraiment enrichissants. Peut-être s'agissait-il d'une expérience où vous avez fait du bénévolat, aidé un ami ou mené à bien un projet ambitieux. Qu'avaient ces expériences en commun ? Vous ont-elles amené à aider les autres, à apprendre quelque chose de nouveau ou à repousser vos limites ? Faites une liste de thèmes ou de sentiments communs associés à ces moments significatifs.

Étape 2 : Examiner les défis passés

Pensez à des situations difficiles et à la façon dont vous y avez réagi. Parfois, nos valeurs fondamentales deviennent évidentes dans les moments de conflit ou de défi. Si vous avez perdu votre emploi mais que vous avez trouvé la paix en passant du temps avec votre famille, peut-être que les relations familiales ont une valeur importante. Réfléchir à vos réponses aux défis peut révéler ce qui compte vraiment pour vous.

Étape 3 : Identifier les modèles

Pensez aux personnes que vous admirez, qu'il s'agisse d'amis, de membres de votre famille ou de personnalités publiques. Qu'est-ce qui vous inspire chez elles ? Leurs caractéristiques peuvent refléter des valeurs qui vous sont également chères. Par exemple, si vous admirez quelqu'un pour son dévouement à la justice sociale, peut-être que l'équité ou le service sont une valeur fondamentale pour vous.

Étape 4 : Établir une liste de valeurs

Après avoir réfléchi, créez une liste de valeurs potentielles qui vous correspondent. Ne réfléchissez pas trop à cette étape : notez tout ce qui vous semble important sans filtrer. Parmi les valeurs courantes à prendre en compte figurent l'honnêteté, la gentillesse, le respect, l'authenticité, la résilience, la communauté, la croissance et la paix.

Étape 5 : Réduisez vos valeurs principales

Une fois que vous avez votre liste, essayez d'identifier les cinq à sept valeurs qui vous semblent les plus importantes. Demandez-vous quelles sont les valeurs sans lesquelles vous vous sentiriez perdu. Ce sont les valeurs qui constituent le fondement de qui vous êtes. N'oubliez pas qu'il n'y a pas de bien ou de mal ici ; le but est de trouver ce qui résonne vraiment en vous.

Étape 6 : Testez vos valeurs dans la vie réelle

Les valeurs ne sont pas statiques, ce sont des principes vécus. Dans votre vie quotidienne, réfléchissez à vos actions et à vos décisions. Sont-elles en phase avec vos valeurs ? Plus vous vous exercerez à vivre selon vos valeurs fondamentales, plus vous vous sentirez clair et confiant dans leur respect.

Vivre selon vos valeurs fondamentales

Une fois que vous avez une idée claire de vos valeurs fondamentales, l'étape suivante consiste à aligner votre vie sur elles. Cela ne signifie pas que vous réussirez toujours à vivre selon ces valeurs à la perfection, mais la conscience et l'intention sont très importantes. Voici quelques moyens de garder vos valeurs présentes dans votre vie quotidienne :

Fixez des limites : il est plus facile de fixer des limites si vous connaissez vos valeurs. Si vous tenez à votre santé, par exemple, vous pouvez limiter vos heures de travail pour avoir du temps pour faire de l'exercice ou prendre soin de vous.

Prenez des décisions fondées sur vos valeurs : lorsque vous êtes confronté à un choix, demandez-vous s'il correspond à vos valeurs. Imaginons qu'on vous propose un nouvel emploi mieux rémunéré, mais qui ne correspond pas à votre passion. Si la passion et l'objectif sont des valeurs fondamentales, l'emploi ne vous conviendra peut-être pas.

Réfléchissez régulièrement : prenez le temps de réfléchir régulièrement pour savoir si vous vivez selon vos valeurs. Vous pouvez le faire en tenant un journal, en méditant ou en discutant avec un ami de confiance. Une réflexion régulière vous aide à rester sur la bonne voie et à faire des ajustements à mesure que vos valeurs évoluent.

L'histoire d'Emily sur son parcours d'identification de ses valeurs fondamentales

Emily a toujours valorisé la créativité et la communication. Elle s'épanouissait dans les projets créatifs et aimait travailler en étroite collaboration avec les autres. Mais au fil du temps, elle s'est retrouvée dans un rôle en entreprise où la créativité passait au second plan. Le travail était bien payé, mais il semblait sans âme. Elle se sentait souvent épuisée et, au fil du temps, son insatisfaction s'est infiltrée dans sa vie personnelle.

Un soir, Emily s'est assise pour réfléchir à ses valeurs et a réalisé que sa vie ne correspondait pas à ce qui comptait le plus pour elle. Elle regrettait les projets créatifs qu'elle avait laissés derrière elle et les liens qu'elle avait noués avec des collègues qui partageaient ses valeurs.

Après mûre réflexion, elle a décidé de lancer un petit projet parallèle – un atelier d'art communautaire – où elle pourrait travailler avec d'autres et exprimer sa créativité. Le projet parallèle a fini par prendre de l'ampleur et Emily a quitté son emploi en entreprise pour se consacrer à sa passion à plein temps.

En vivant en accord avec ses valeurs, Emily a retrouvé une énergie renouvelée et un profond sentiment d'accomplissement. Elle a appris que lorsque nous honorons ce qui compte le plus, la vie semble plus authentique et plus significative.

Un voyage personnel vers True North

Sarah est une cadre intermédiaire dans une entreprise technologique. Pendant des années, elle a dû faire face à la routine quotidienne, à la nécessité de répondre aux attentes de l'entreprise et de gravir les échelons. Cependant, elle ressentait souvent une insatisfaction persistante, sentant qu'il lui manquait quelque chose dans sa vie professionnelle. Un soir, alors qu'elle assistait à un atelier sur le développement du leadership, elle a découvert le concept de « vrai nord », l'idée selon laquelle les valeurs et les objectifs fondamentaux d'une personne doivent guider ses décisions et ses actions. Intriguée, Sarah a commencé à réfléchir à sa propre histoire de vie. Elle s'est souvenue de son rêve d'enfance de devenir artiste, une passion qu'elle avait mise de côté pour poursuivre une carrière stable. Cette prise de conscience a déclenché une profonde introspection.

Déterminée à trouver sa voie, Sarah a commencé à écrire un journal sur ses valeurs fondamentales. Elle a identifié la créativité, la connexion et la communauté comme les principes qui lui correspondaient le plus. Forte de cette clarté, elle a commencé à faire des pas petits mais significatifs. Elle a lancé un club d'art au travail, encourageant ses collègues à exprimer leur créativité pendant les pauses déjeuner. Cette initiative a non seulement ravivé son côté artistique, mais a également favorisé un sentiment de communauté au sein de son équipe.

En alignant son travail sur ses valeurs, Sarah a remarqué un changement dans sa motivation et son engagement. Ses collègues ont apprécié son authenticité et ont commencé à s'ouvrir sur leurs propres passions. Cette nouvelle connexion au sein de l'équipe a conduit à un environnement de travail plus collaboratif et innovant.

Le parcours de Sarah illustre le pouvoir de comprendre son véritable nord. En réfléchissant à son histoire de vie et en identifiant ses valeurs fondamentales, elle a pu apporter des changements significatifs qui lui ont redonné un sens et un épanouissement dans sa vie. Cette expérience a également mis en évidence l'importance d'un leadership authentique, c'est-à-dire diriger avec intégrité et conscience de soi, et inspirer les autres à faire de même.

Mantra et actions quotidiennes

Mantra du jour :

« J'honore mes valeurs fondamentales, leur permettant de guider mes choix et mes actions avec clarté et détermination. »

Citation:

« Vos valeurs sont votre boussole. Elles orientent votre parcours, éclairent votre chemin et définissent qui vous êtes. » – Inconnu

Note brève

Identifier vos valeurs fondamentales n'est pas seulement un exercice, c'est un voyage profond vers la compréhension de qui vous êtes vraiment. Les valeurs servent de boussole interne, vous aidant à surmonter les défis de la vie et à prendre des décisions qui correspondent à votre moi authentique. Lorsque vous comprenez ce qui compte le plus pour vous, il devient plus facile de hiérarchiser votre temps et votre énergie de manière à ce qu'ils correspondent à votre véritable moi.

Dans le monde trépidant d'aujourd'hui, il est facile de se laisser emporter par les attentes extérieures et les normes sociétales. Cependant, prendre le temps de réfléchir à vos valeurs fondamentales vous permet de vous réapproprier votre récit et de vivre d'une manière qui vous semble vraie. Que ce soit par le biais de la tenue d'un journal, de la méditation ou de conversations avec des amis de confiance, le processus de découverte de vos valeurs peut conduire à une plus grande satisfaction et à une plus grande authenticité dans votre vie.

Actions d'aujourd'hui

Réfléchissez à vos valeurs : prenez 15 à 20 minutes aujourd'hui pour écrire les valeurs qui vous correspondent. Pensez aux expériences de votre vie où vous vous êtes senti épanoui et fier. Quelles valeurs étaient présentes à ces moments-là ?

Créez une liste de valeurs : limitez votre liste à vos cinq valeurs fondamentales. Réfléchissez à la manière dont ces valeurs influencent vos décisions et vos actions.

Alignez vos actions : identifiez une action que vous pouvez entreprendre aujourd'hui et qui reflète vos valeurs fondamentales. Cela peut être aussi simple que de prendre la parole lors d'une réunion, d'aider un ami ou de consacrer du temps à un projet personnel qui vous passionne.

Affirmez vos valeurs : répétez le mantra quotidien tout au long de la journée, surtout lorsque vous devez prendre une décision. Laissez-le renforcer votre engagement à vivre en accord avec vos valeurs.

Notez vos impressions : à la fin de la journée, prenez un moment pour réfléchir à ce que vous avez ressenti en respectant vos valeurs. Écrivez les défis auxquels vous avez été confrontés et comment vous les avez surmontés.

Chapitre 8

Exprimez votre vérité avec confiance

Vivre de manière authentique et exprimer sa vérité peut sembler une tâche monumentale dans un monde qui encourage souvent le conformisme au détriment de l'individualité. Pourtant, trouver sa voix et le courage de dire sa vérité est essentiel à la croissance et à l'épanouissement personnels.

Comprendre l'authenticité

L'authenticité est plus qu'un mot à la mode ; c'est un aspect fondamental d'une vie épanouissante. Elle signifie être fidèle à soi-même, à ses valeurs, à ses croyances et à ses sentiments, même face à des pressions extérieures. Selon Brené Brown, une chercheuse de premier plan sur la vulnérabilité et l'authenticité, « l'authenticité est la pratique quotidienne qui consiste à abandonner ce que nous pensons être censé être et à accepter qui nous sommes ». Ce processus est continu et nécessite une prise de conscience de soi, une réflexion et un engagement envers la croissance personnelle.

L'importance de l'autoréflexion

L'introspection est le fondement sur lequel se construit l'authenticité. Elle implique d'examiner vos pensées, vos sentiments et vos expériences pour mieux comprendre vos croyances et vos valeurs fondamentales. Prendre le temps de réfléchir à soi-même peut vous aider à clarifier ce qui compte le plus pour vous et ce que vous représentez. La tenue d'un journal est une méthode efficace d'introspection ; elle vous permet d'exprimer vos pensées et vos émotions dans un espace sûr.

Questions de journalisation :

- Qu'est-ce que j'apprécie le plus dans ma vie ?

- Quand est-ce que je me suis senti le plus authentique ?

- Quelles peurs m'empêchent d'exprimer ma vérité ?

- Prendre le temps de répondre à ces questions peut éclairer les aspects de votre vie dans lesquels vous n'exprimez peut-être pas votre véritable personnalité.

Développer la confiance

La confiance en soi est un élément essentiel pour exprimer votre vérité. Elle vous permet de communiquer vos idées et vos croyances sans crainte d'être jugé. Pour développer votre confiance en vous, il faut de la pratique et de la patience. Voici quelques stratégies pour vous aider à cultiver la confiance en vous :

Affirmations positives : Commencez chaque journée par des affirmations positives qui renforcent votre estime de soi. Par exemple, vous pourriez dire : « Je mérite d'exprimer mes pensées et mes sentiments. »

Fixez-vous de petits objectifs : commencez par exprimer vos opinions dans des environnements sûrs, comme avec des amis proches ou des membres de votre famille, avant d'aborder des situations plus difficiles. Cela peut progressivement renforcer votre confiance en vous.

Acceptez la vulnérabilité : reconnaissez que la vulnérabilité n'est pas une faiblesse mais une force. Partager vos véritables sentiments, même lorsque cela vous met mal à l'aise, peut créer des liens plus profonds avec les autres et favoriser un environnement propice à l'expression authentique.

Des outils pour une expression authentique

Communication efficace :

Écoute active : une bonne communication commence par une écoute active. Interagissez avec les autres, posez des questions et montrez un réel intérêt pour leurs points de vue. Cela crée un environnement réciproque où chacun se sent valorisé et entendu.

Utilisez des phrases à la première personne : lorsque vous exprimez vos pensées ou vos sentiments, formulez-les à l'aide de phrases à la première personne (par exemple, « je ressens… » ou « je pense… »). Cette approche vous permet de prendre en charge vos sentiments et de réduire les risques de paraître accusateur.

Langage corporel et présence :

La communication non verbale joue un rôle important dans l'expression de l'authenticité. Maintenez un langage corporel ouvert, établissez un contact visuel et utilisez des gestes qui correspondent à votre message. Votre présence physique peut amplifier vos paroles, transmettant confiance et sincérité.

Pratiques de pleine conscience :

Incorporez des pratiques de pleine conscience telles que la méditation ou des exercices de respiration profonde. Ces techniques peuvent vous aider à vous ancrer dans le moment présent, ce qui vous permet d'exprimer plus facilement votre vérité sans anxiété ni hésitation.

Surmonter la peur du jugement

L'un des obstacles les plus importants à l'expression de votre vérité est la peur du jugement. Cette peur peut être paralysante et découle souvent d'expériences passées ou d'un conditionnement social. Cependant, il est essentiel de reconnaître que tout le monde ne sera pas en phase avec votre vérité, et ce n'est pas grave. Voici quelques stratégies pour surmonter cette peur :

Recadrez vos pensées négatives : remettez en question la croyance selon laquelle les autres vous jugeront négativement. Au lieu de supposer le pire, envisagez la possibilité que les gens apprécient votre honnêteté et votre authenticité.

Entourez-vous de personnes qui vous soutiennent : Construisez un réseau d'amis et de mentors qui encouragent votre expression authentique. Le renforcement positif peut aider à atténuer les craintes et à renforcer la confiance.

Pratiquez l'autocompassion : comprenez que tout le monde a parfois du mal à exprimer sa vérité. Soyez indulgent avec vous-même tout au long de ce parcours. Reconnaissez vos sentiments sans porter de jugement et rappelez-vous que vous faites de votre mieux.

Vivre Authentiquement dans la Vie Quotidienne

Exprimer sa vérité ne se limite pas à des situations spécifiques ; c'est une façon de vivre. Voici quelques moyens pratiques d'intégrer l'expression authentique dans votre vie quotidienne :

Alignez vos actions avec vos valeurs : Faites des choix qui reflètent vos valeurs fondamentales. Lorsque vos actions s'alignent sur vos croyances, il devient plus facile d'exprimer votre vérité sans conflit interne.

Engagez des conversations authentiques : recherchez des occasions de dialoguer de manière constructive avec les autres. Partagez ouvertement vos pensées, vos expériences et vos sentiments et encouragez les autres à faire de même.

Fixez des limites : protégez votre espace et votre énergie en établissant des limites. Communiquez clairement vos limites aux autres, ce qui vous permettra d'exprimer vos besoins et vos désirs sans culpabilité.

Histoire personnelle : trouver ma voix

Il y a quelques années, je me suis retrouvé dans une situation difficile au travail. J'avais une opinion bien arrêtée sur l'orientation d'un projet qui, selon moi, aurait un impact négatif sur l'équipe. Cependant, j'hésitais à m'exprimer par crainte de la réaction de mes collègues et de mes supérieurs. La peur d'être licencié ou jugé me faisait taire.

Après quelques jours de réflexion, j'ai décidé d'adopter une approche différente. J'ai réfléchi à mes valeurs fondamentales d'intégrité et de collaboration. J'ai réalisé que rester silencieux irait à l'encontre de mes valeurs et pourrait me faire regretter plus tard. J'ai pris une grande inspiration, rassemblé mes pensées et abordé mes préoccupations avec mon responsable, en les formulant comme une suggestion plutôt qu'une critique.

À ma grande surprise, mon manager s'est montré réceptif et a même encouragé une discussion ouverte sur le projet. Cette expérience m'a appris qu'exprimer ma vérité non seulement favorisait un dialogue sain, mais renforçait également mon sentiment d'appartenance à l'équipe. C'est une leçon que j'emporte avec moi : l'authenticité engendre la connexion, et vivre en harmonie avec soi-même peut conduire à des opportunités inattendues de croissance et de collaboration.

En acceptant notre vérité, non seulement nous nous honorons nous-mêmes, mais nous inspirons également les autres à faire de même. Alors que vous poursuivez ce cheminement, n'oubliez pas que chaque pas que vous faites vers l'authenticité renforce votre voix et votre impact sur le monde.

Mantra et actions quotidiennes

Mantra du jour :

« J'exprime ma vérité avec courage et confiance, en honorant mon moi authentique dans chaque interaction. »

Citation:

« Votre voix est le pouvoir que vous possédez. Utilisez-la avec sagesse et audace, car c'est votre vérité qui résonnera dans le monde. » — Inconnu

Note brève

Aujourd'hui, nous allons nous concentrer sur la reconnaissance du pouvoir profond de votre voix. Chacun d'entre nous a une perspective unique façonnée par nos expériences, nos valeurs et nos idées. Lorsque vous exprimez votre vérité, non seulement vous affirmez votre identité, mais vous créez également un effet d'entraînement qui peut inspirer les autres à faire de même. N'oubliez pas que l'authenticité favorise des liens plus profonds et ouvre la voie à la croissance et à la compréhension.

Actions d'aujourd'hui

Réfléchissez : passez cinq minutes aujourd'hui à réfléchir à un moment où vous vous êtes senti pleinement authentique dans l'expression de vos pensées. Quel était le contexte et comment vous sentiez-vous ? Écrivez vos réflexions.

Exprimez-vous : identifiez une situation aujourd'hui, que ce soit au travail, à la maison ou entre amis, dans laquelle vous pouvez partager votre opinion ou vos sentiments en toute honnêteté. Acceptez votre malaise et faites entendre votre voix.

Écoute active : engagez une conversation où vous pratiquez l'écoute active. Encouragez l'autre personne à exprimer sa vérité, en créant un espace sûr pour un dialogue ouvert.

Affirmez-vous : à la fin de la journée, prenez un moment pour affirmer vos efforts. Notez un exemple où vous avez réussi à exprimer votre vérité, aussi infime soit-elle, et célébrez ce moment.

Chapitre 9

Restez ferme dans vos convictions

Dans un monde caractérisé par le changement et l'incertitude, rester ferme dans ses convictions peut être à la fois un défi et une source de force.

Comprendre vos croyances

Les croyances sont le fondement de notre identité. Elles façonnent nos perspectives, influencent nos décisions et guident nos interactions avec le monde. Comprendre ce que vous représentez est essentiel dans un monde rempli d'opinions et de perspectives diverses. Pour ce faire, prenez le temps de réfléchir à vous-même. Posez-vous les questions suivantes :

- Quelles sont mes valeurs fondamentales ?

- Pourquoi ces valeurs sont-elles importantes pour moi ?

- Comment se manifestent-ils dans ma vie quotidienne ?

- S'engager dans cette pratique réflexive aide à clarifier vos croyances et fournit une feuille de route sur la façon de les exprimer et de les défendre.

La force dans la vulnérabilité

Rester ferme dans ses convictions ne signifie pas être inflexible ou ignorer les opinions des autres. Au contraire, cela nécessite souvent de faire preuve de vulnérabilité et d'ouverture. Adopter ses convictions tout en restant réceptif aux points de vue divergents peut conduire à une compréhension et une croissance plus profondes. Par exemple, vous pourriez trouver un terrain d'entente dans les discussions, ce qui permettrait des conversations constructives plutôt que des confrontations.

Histoire personnelle : un voyage de croyance

Prenons l'histoire de Sarah, une jeune femme qui a grandi dans une famille qui mettait l'accent sur le service communautaire et la justice sociale. En grandissant, elle s'est retrouvée dans une entreprise où elle occupait un emploi qui était souvent en conflit avec ses valeurs. Les pratiques de l'entreprise privilégiaient le profit au détriment des considérations éthiques, et Sarah ressentait un malaise croissant.

Après mûre réflexion, Sarah a décidé d'exprimer ses inquiétudes lors d'une réunion d'entreprise. Avec courage, elle a partagé ses observations sur l'impact des décisions de l'entreprise sur la communauté. Au lieu de subir des réactions négatives, son honnêteté a suscité une discussion parmi ses collègues, ce qui a conduit à une réévaluation de certaines pratiques.

Cette expérience a appris à Sarah que rester ferme dans ses convictions, même dans un environnement difficile, pouvait inspirer les autres à réfléchir à leurs valeurs. Grâce à sa vulnérabilité et à sa force, elle a non seulement défendu ses principes, mais a également favorisé une culture de dialogue et de considération éthique au sein de son milieu de travail.

Renforcer la résilience

La résilience est essentielle pour rester ferme dans ses convictions. La vie présentera invariablement des obstacles, et la capacité à surmonter ces défis tout en restant fidèle à ses valeurs est essentielle. Voici quelques stratégies pour renforcer la résilience :

Développez un réseau de soutien : Entourez-vous de personnes qui partagent vos valeurs ou qui respectent vos croyances. Une communauté solidaire peut vous apporter encouragement et soutien dans les moments difficiles.

Pratiquez l'autocompassion : soyez indulgent envers vous-même lorsque vous rencontrez des difficultés. Sachez que tout le monde rencontre des difficultés à un moment ou à un autre et qu'il est normal de demander de l'aide ou de prendre du recul lorsque cela est nécessaire.

Restez informé : la connaissance est un pouvoir. Rester informé sur les questions liées à vos convictions peut vous permettre de vous exprimer avec assurance et efficacité. Communiquez avec des sources crédibles, assistez à des ateliers ou participez à des discussions.

Réfléchissez à vos expériences passées : rappelez-vous des situations dans lesquelles vous avez réussi à rester ferme dans vos convictions. Quelles stratégies avez-vous employées ? Quelles leçons avez-vous apprises ? Utilisez ces informations pour éclairer vos actions futures.

Fixez des limites : s'il est essentiel de tenir compte des opinions divergentes, il est tout aussi important d'établir des limites. Sachez quand vous éloigner des conversations irrespectueuses ou improductives.

Naviguer dans les conflits avec grâce

Des conflits peuvent survenir lorsque vous exprimez vos convictions, en particulier dans une société polarisée. Il est essentiel de gérer ces conflits avec grâce pour entretenir des relations tout en restant ferme dans vos convictions. Voici quelques stratégies :

Écoutez activement : face à des points de vue opposés, écoutez attentivement. Reconnaissez le point de vue de l'autre personne, même si vous n'êtes pas d'accord. Cela témoigne du respect et peut conduire à une conversation plus constructive.

Exprimez-vous clairement : lorsque vous partagez vos convictions, soyez clair et éloquent. Évitez le langage agressif et concentrez-vous sur les affirmations à la première personne, telles que « je crois... » ou « je ressens... ». Cette approche réduit la défensive et favorise le dialogue.

Trouver un terrain d'entente : Recherchez des valeurs ou des préoccupations communes. Trouver un terrain d'entente peut transformer un dialogue conflictuel en une exploration collaborative de solutions.

Soyez prêt à vous retirer : il est parfois préférable de se retirer des conversations improductives. Sachez quand prendre du recul pour protéger votre bien-être mental et émotionnel.

L'impact de la fermeté

En restant fidèle à vos convictions, vous contribuez à une culture d'authenticité et d'intégrité. Le courage dont vous faites preuve en exprimant vos valeurs peut inspirer d'autres personnes à faire de même, créant ainsi un effet domino de changement positif. Songez aux histoires de militants et de dirigeants qui ont changé le monde en restant fidèles à leurs convictions, comme Malala Yousafzai, qui milite pour l'éducation des filles, ou Martin Luther King Jr., dont l'engagement indéfectible en faveur des droits civiques a inspiré des générations.

Histoire personnelle : une voix pour le changement

Prenons l'exemple de John, un enseignant qui a été témoin de harcèlement dans son école. Il s'est rendu compte que les politiques de l'établissement ne protégeaient pas suffisamment les élèves vulnérables. John était convaincu que chaque enfant méritait un environnement d'apprentissage sûr. Au lieu de rester silencieux, il a décidé de militer pour un changement.

Il a organisé des réunions avec ses collègues enseignants et parents pour discuter de la prévention du harcèlement et de la nécessité de mettre en place des politiques plus strictes. Alors que certains collègues étaient réticents, John est resté ferme dans ses convictions, en s'appuyant sur des données et des histoires personnelles pour souligner l'urgence du problème. Grâce à ses efforts, l'école a mis en œuvre de nouvelles politiques de lutte contre le harcèlement, améliorant ainsi considérablement le climat scolaire.

L'histoire de John montre que rester ferme dans ses convictions peut conduire à des changements significatifs, surtout lorsqu'ils sont alimentés par la passion et la détermination.

Rester ferme dans ses convictions est un cheminement personnel qui exige introspection, courage et résilience. Il s'agit d'être fidèle à soi-même tout en naviguant dans les complexités de l'Interaction humaine. Acceptez le processus, apprenez de vos expériences et continuez à grandir. N'oubliez pas que vos convictions ne sont pas seulement des convictions personnelles ; elles font partie d'un dialogue plus large qui façonne notre monde.

Chapitre 10

Aller au-delà de la peur

La peur est une expérience humaine universelle, souvent ressentie en réaction à des menaces ou à une incertitude perçues. Elle peut se manifester sous diverses formes, de la peur de l'échec à l'anxiété face à l'avenir, et peut avoir un impact considérable sur nos vies et nos décisions.

Comprendre la peur

Pour surmonter la peur, il est essentiel de comprendre sa nature. La peur est une émotion naturelle qui a une fonction : elle nous alerte du danger et nous aide à réagir aux menaces. Cependant, lorsque la peur devient trop envahissante, elle peut entraver notre capacité à agir et à poursuivre nos objectifs. La première étape pour surmonter la peur est de la reconnaître pour ce qu'elle est : un mécanisme de protection qui, s'il n'est pas maîtrisé, peut conduire à la paralysie.

La psychologie de la peur

Les psychologues classent la peur en deux catégories principales : la peur rationnelle et la peur irrationnelle. Les peurs rationnelles sont basées sur des dangers réels, comme éviter un lion dans la nature, tandis que les peurs irrationnelles, souvent appelées phobies, naissent d'idées fausses ou de perceptions exagérées du danger. Par exemple, la peur de parler en public (glossophobie) peut être irrationnelle pour beaucoup, mais elle peut sembler intensément réelle à ceux qui la ressentent.

Comprendre la différence entre ces types de peur peut nous aider à orienter nos réactions. Les peurs rationnelles nécessitent souvent des solutions concrètes, tandis que les peurs irrationnelles peuvent nécessiter un recadrage ou une restructuration cognitive.

Étapes pour affronter et transcender la peur

1. Reconnaissez vos peurs

La première étape pour surmonter la peur est de la reconnaître. Nier ou réprimer ses peurs peut les renforcer. Prenez le temps d'identifier ce que vous craignez le plus. Écrivez vos peurs et réfléchissez-y. Sont-elles rationnelles ? Quelles sont les croyances sous-jacentes qui alimentent ces peurs ? Cette introspection est essentielle pour affronter vos peurs de front.

2. Comprendre la cause profonde

Souvent, les peurs sont liées à des expériences passées ou à un conditionnement social. Par exemple, une personne ayant subi un traumatisme peut développer une réaction de peur accrue dans des situations similaires. Comprendre la cause profonde de votre peur peut vous fournir des informations précieuses sur la manière d'y faire face. Tenir un journal de vos expériences ou en discuter avec un thérapeute peut vous aider à découvrir ces liens.

3. Recadrez vos pensées

Le recadrage cognitif est un outil puissant pour surmonter la peur. Cette technique consiste à changer la façon dont vous percevez une situation. Au lieu de considérer un défi comme une menace, essayez de le voir comme une opportunité de croissance. Par exemple, si vous avez peur de l'échec, recadrez-le comme une chance d'apprendre et de vous améliorer. Ce changement de perspective peut atténuer l'intensité de la peur et la rendre plus gérable.

4. Exposition progressive

L'exposition graduelle consiste à affronter vos peurs progressivement, en commençant par des tâches moins intimidantes et en progressant progressivement. Si vous avez peur de parler en public, par exemple, vous pouvez commencer par parler devant un miroir, puis partager vos pensées avec des amis et éventuellement participer à des rassemblements plus importants. Cette approche étape par étape vous aide à vous désensibiliser à la réaction de peur et à renforcer la confiance au fil du temps.

5. Utilisez des techniques de pleine conscience

La pleine conscience et la méditation peuvent être incroyablement efficaces pour gérer la peur. Ces pratiques vous encouragent à vous concentrer sur le moment présent, réduisant ainsi l'anxiété face aux incertitudes futures. Des techniques telles que la respiration profonde, la visualisation et les exercices d'ancrage peuvent aider à calmer votre esprit et votre corps face à la peur.

Par exemple, lorsque l'anxiété survient, prenez un moment pour respirer profondément, en vous concentrant sur chaque respiration. Visualisez une scène apaisante ou répétez un mantra qui résonne en vous. Les pratiques de pleine conscience peuvent vous aider à développer un plus grand sentiment de contrôle sur vos pensées et vos émotions.

6. Recherchez du soutien

Il peut être difficile d'affronter ses peurs seul, alors n'hésitez pas à demander de l'aide. Parlez de vos peurs à vos amis, à votre famille ou à un professionnel de la santé mentale. Le fait de partager vos sentiments peut alléger le fardeau émotionnel et vous offrir de nouvelles perspectives. Parfois, d'autres personnes peuvent vous offrir des idées ou des encouragements qui peuvent vous inciter à affronter vos peurs.

7. Acceptez la possibilité de l'échec

La peur de l'échec nous paralyse souvent et nous empêche de prendre des risques. Accepter la possibilité de l'échec peut vous permettre d'avancer. Reconnaissez que l'échec fait naturellement partie de la croissance et de l'apprentissage. Réfléchissez aux échecs passés et à la façon dont ils ont contribué à votre développement personnel. Ce changement d'état d'esprit peut réduire le pouvoir que la peur exerce sur vous.

8. Célébrez les petites victoires

Lorsque vous affrontez vos peurs, prenez le temps de célébrer vos réussites, aussi minimes soient-elles. Reconnaître les progrès renforce les comportements positifs et encourage à agir davantage. Qu'il s'agisse de faire une présentation réussie ou simplement de prendre la parole lors d'une réunion, reconnaissez vos réussites et utilisez-les comme motivation pour continuer à dépasser vos peurs.

9. Créez un plan d'action contre la peur

Élaborez un plan pour affronter vos peurs. Décrivez les étapes spécifiques que vous pouvez suivre et fixez-vous des objectifs réalisables. Une approche structurée peut rendre le processus moins accablant. Par exemple, si vous avez peur de réseauter lors d'événements, votre plan pourrait inclure des recherches sur les événements, des exercices pour amorcer une conversation et la participation à au moins un événement par mois.

Le rôle de la résilience

La résilience est la capacité à surmonter les difficultés et à s'adapter aux défis. Développer la résilience améliore votre capacité à affronter vos peurs. Cela implique de cultiver un état d'esprit de croissance, de développer des stratégies d'adaptation et de favoriser un réseau de soutien. La résilience vous permet de considérer les échecs comme des opportunités de croissance plutôt que comme des obstacles insurmontables.

Histoire personnelle : un voyage pour surmonter la peur

Prenons l'histoire de Mia, une jeune femme qui avait peur de l'avion. Son anxiété était liée à une expérience traumatisante vécue pendant son enfance lors d'un vol en avion. En grandissant, cette peur a limité ses possibilités de voyager, l'empêchant de rendre visite à sa famille et d'explorer de nouveaux endroits.

Déterminée à surmonter sa peur, Mia s'est lancée dans un voyage de découverte de soi. Elle a commencé par faire des recherches sur les vols et comprendre les mesures de sécurité en place. Puis, elle s'est peu à peu exposée à l'idée de voler. Elle a regardé des vidéos de vols, a parlé à des amis qui aimaient voyager et a finalement décidé de prendre un court vol vers une ville voisine.

Le jour de son vol, Mia a pratiqué des techniques de pleine conscience pour gérer son anxiété. Elle s'est concentrée sur sa respiration et s'est rappelée les expériences positives qui l'attendaient à destination. Pendant le vol, elle a ressenti des moments de peur, mais elle a également ressenti de la joie en regardant les nuages par le hublot. Au moment de l'atterrissage, Mia a réalisé qu'elle avait non seulement vaincu sa peur de l'avion, mais qu'elle avait également acquis un nouveau sentiment de liberté.

L'histoire de Mia montre que dépasser la peur est un chemin qui nécessite de la patience, du courage et de l'auto-compassion. En reconnaissant sa peur et en prenant des mesures concrètes, elle a transformé sa vie et s'est ouverte à de nouvelles expériences.

Mantra et actions quotidiennes

Mantra du jour

« J'accepte mes peurs comme des opportunités de croissance, sachant que chaque pas en avant renforce ma force et ma résilience. »

Actions quotidiennes

Identifiez une peur : prenez un moment pour réfléchir à une peur qui vous a freiné. Écrivez-la et reconnaissez sa présence dans votre vie.

Pratiquez la pleine conscience : consacrez 5 à 10 minutes à une pratique de pleine conscience, en vous concentrant sur votre respiration. Lorsque la peur surgit, rappelez-vous votre mantra.

Passez à l'action : choisissez une petite étape pour affronter votre peur aujourd'hui. Cela peut consister à entamer une conversation que vous évitez ou à faire une petite promenade à l'extérieur si vous êtes anxieux à l'idée d'être en public.

Tenez un journal de vos expériences : À la fin de la journée, écrivez vos expériences. À quelle peur avez-vous été confronté ? Qu'avez-vous ressenti ? Qu'avez-vous appris de ce processus ?

Citation

« La peur n'est profonde que dans la mesure où l'esprit le permet. » — Proverbe japonais

 « Je suis capable d'affronter mes peurs. Chaque pas que je fais est un pas vers mon vrai moi. »

 À quelle peur ai-je été confronté aujourd'hui ? Comment cela a-t-il changé ma perspective sur ce dont je suis capable ?

Note brève

La peur est souvent ressentie comme un mur insurmontable qui bloque notre chemin vers la croissance et le bonheur. Cependant, lorsque nous reconnaissons et affrontons nos peurs, nous commençons à démanteler ce mur brique par brique. Chaque action que nous entreprenons face à la peur nous rapproche non seulement de la surmonter, mais cultive également une compréhension plus profonde de notre propre force et de notre résilience. Ce voyage ne consiste pas à éliminer la peur, mais à apprendre à danser avec elle, à la transformer d'une force paralysante en un catalyseur de croissance personnelle.

Au cours de votre journée, n'oubliez pas que chaque instant est une occasion d'affronter vos peurs. Lorsque vous sentez l'hésitation s'installer, récitez votre mantra quotidien. Acceptez l'idée que la peur fait partie de l'expérience humaine et que chaque pas que vous faites, aussi petit soit-il, vous rapproche d'une vie plus authentique et plus épanouissante.

Chapitre 11

Célébrer chaque étape de votre voyage

Qu'il s'agisse d'une quête personnelle, d'une entreprise professionnelle ou d'un chemin de découverte de soi, chaque voyage est jalonné d'étapes, certaines grandioses, d'autres subtiles. Dans notre vie trépidante, nous négligeons souvent l'importance de célébrer chaque étape que nous franchissons. Pourtant, reconnaître nos progrès est essentiel pour maintenir la motivation, renforcer l'estime de soi et cultiver un sentiment d'accomplissement plus profond.

L'importance de la célébration

La célébration est bien plus qu'un simple moment de joie : c'est un outil puissant qui peut profondément influencer notre bien-être mental et émotionnel. Les psychologues ont découvert que reconnaître nos réalisations, aussi petites soient-elles, améliore notre humeur et renforce notre comportement positif (Miller, 2021). Lorsque nous célébrons, nous reconnaissons le travail acharné, le dévouement et la résilience qui ont permis d'atteindre ces objectifs. Cette reconnaissance favorise un sentiment de valeur et de respect de soi, ce qui peut nous propulser vers de futurs succès.

Stimuler la motivation : Chaque fois que nous célébrons une étape de notre parcours, nous créons une boucle de rétroaction positive. Cette boucle nous encourage à continuer à nous efforcer d'atteindre nos objectifs. Elle nous rappelle que l'effort mène au progrès et que les progrès méritent d'être reconnus. Célébrer peut être aussi simple que de vous offrir votre plat préféré après avoir terminé un projet ou de partager vos succès avec vos amis et votre famille.

Développer la résilience : la vie peut être difficile et les revers sont inévitables. Célébrer nos réussites, surtout dans les moments difficiles, nous aide à cultiver la résilience. Cela nous rappelle nos capacités et nous encourage à continuer d'avancer malgré les obstacles.

Encourager la gratitude : célébrer notre parcours encourage également un état d'esprit de gratitude. Lorsque nous prenons le temps de réfléchir à nos progrès, nous devenons plus conscients des ressources, du soutien et des expériences qui nous ont aidés tout au long du chemin. Cette gratitude peut améliorer notre bonheur et notre contentement en général (Emmons et McCullough, 2003).

Des moyens pratiques pour célébrer votre voyage

La célébration ne doit pas nécessairement être extravagante ; elle peut être simple et personnelle. Voici quelques idées pratiques pour honorer votre parcours et reconnaître vos progrès :

Créez un rituel de célébration : établissez un rituel personnel pour célébrer les étapes importantes de votre vie. Cela peut consister à allumer une bougie, à écouter votre chanson préférée ou à écrire un journal sur vos réalisations. En faisant de cela une pratique régulière, vous pourrez développer un état d'esprit de célébration.

Rappels visuels : créez un tableau de visualisation ou un tableau de progression. Incluez des images, des citations ou des symboles qui représentent vos objectifs et les étapes que vous avez suivies pour les atteindre. Cette représentation visuelle sert de puissant rappel de votre parcours et peut être une source d'inspiration dans les moments difficiles.

Partagez votre réussite : parlez de vos réussites avec vos amis, votre famille ou une communauté qui vous soutient. Partager votre parcours non seulement répand la joie, mais permet également aux autres de célébrer avec vous, créant ainsi un sentiment de connexion et de soutien.

Réfléchissez et écrivez dans un journal : prenez le temps de réfléchir à votre parcours. Notez vos réalisations, ce que vous avez appris en cours de route et ce que vous avez ressenti à chaque étape. Cette pratique peut vous apporter de la clarté et vous rappeler les progrès que vous avez réalisés, renforçant l'idée que chaque étape compte.

Faites-vous plaisir : faites-vous plaisir en vous offrant une petite douceur. Il peut s'agir de votre dessert préféré, d'une journée au spa ou d'une journée de congé pour faire quelque chose que vous aimez. L'essentiel est de choisir quelque chose qui vous semble spécial et gratifiant.

Pratiquez la gratitude : tenez un journal de gratitude dans lequel vous écrivez régulièrement les choses pour lesquelles vous êtes reconnaissant, notamment les réalisations que vous avez accomplies. En vous concentrant sur la gratitude, vous pouvez approfondir votre appréciation de votre parcours et des étapes que vous avez franchies.

Honorer le progrès à travers des histoires

Une façon de célébrer nos progrès est de partager des histoires. Les récits personnels peuvent inspirer les autres et créer un sentiment de communauté. Voici l'histoire illustrative d'une personne qui a adopté l'idée de célébrer le progrès.

Le voyage d'Anna : accepter les petites victoires

Anna, une jeune professionnelle, a passé des années à gravir les échelons de l'entreprise. Malgré ses succès, elle se sentait souvent incompétente et se mesurait constamment à des collègues qu'elle percevait comme plus accomplis. Ce n'est que lorsqu'un mentor l'a encouragée à reconnaître ses propres réalisations qu'Anna a commencé à changer de perspective.

Suivant les conseils de son mentor, Anna a commencé à tenir un « journal de réussite ». Chaque soir, elle y notait trois choses qu'elle avait accomplies dans la journée, aussi petites soient-elles. Au début, elle se sentait mal à l'aise. Elle avait du mal à trouver des réalisations dignes d'intérêt : des tâches simples comme terminer un rapport ou aider un collègue lui semblaient insignifiantes. Mais au fil des jours, Anna a remarqué un changement dans son état d'esprit. Elle a commencé à célébrer ces petites victoires, en s'offrant son café préféré après une journée productive ou en appelant un ami pour lui faire part de son dernier succès.

Un jour, elle a eu une révélation. Après des mois de travail acharné, elle a obtenu une promotion. Cette fois, elle n'a pas seulement vu cela comme une avancée dans sa carrière, mais comme l'aboutissement d'innombrables petites victoires. Lorsque la promotion a été annoncée, Anna a organisé une petite fête. Elle a invité des amis, a raconté son parcours et a réfléchi à tous les moments qui l'ont menée jusqu'à ce point.

Au cours de ce processus, Anna a appris que chaque étape comptait. Le fait de célébrer a non seulement renforcé sa confiance en elle, mais a également transformé sa conception du succès. Elle a réalisé que si la destination est importante, c'est le voyage, avec ses hauts et ses bas, qui définit véritablement son chemin.

Réflexion sur votre parcours

Lorsque vous réfléchissez à votre propre voyage, réfléchissez aux questions suivantes :

- Quelles réalisations, grandes ou petites, ai-je accomplies récemment ?

- Comment puis-je célébrer ces étapes importantes d'une manière qui me semble significative ?

- Quels rituels ou pratiques puis-je intégrer à ma routine pour reconnaître régulièrement mes progrès ?

En prenant le temps de célébrer votre parcours, vous renforcez la conviction que chaque pas que vous faites compte. Chaque moment de reconnaissance alimente votre motivation et favorise un lien plus profond avec vos aspirations. Au final, le voyage lui-même, riche en expériences, en leçons et en étapes, est tout aussi précieux que la destination.

Mantra et actions quotidiennes

Mantra quotidien : « Je célèbre mon parcours, en reconnaissant chaque pas que je fais comme une partie intégrante de ma croissance. »

Citation : « Le voyage de mille kilomètres commence par un pas. » — Lao Tseu

Note brève : célébrer notre parcours est essentiel pour maintenir la motivation et le sentiment d'accomplissement. Chaque pas, aussi petit soit-il, contribue à notre croissance et à notre bien-être général. En reconnaissant et en honorant nos progrès, nous renforçons non seulement notre estime de soi, mais aussi la conviction que nos efforts en valent la peine. N'oubliez pas que ce ne sont pas seulement les objectifs finaux qui définissent notre parcours ; ce sont les expériences et les leçons apprises en cours de route qui nous façonnent véritablement.

Actions d'aujourd'hui

Réfléchissez : prenez un moment aujourd'hui pour réfléchir à la semaine écoulée. Notez au moins trois réalisations, grandes ou petites, que vous avez accomplies. Reconnaissez les efforts qu'il a fallu pour atteindre chaque étape.

Créez un rituel de célébration : choisissez l'une de vos réussites dans la réflexion et planifiez une petite célébration. Cela peut consister à vous offrir votre collation préférée, à appeler un ami pour lui faire part de votre réussite ou à faire quelque chose qui vous apporte de la joie.

Journal de gratitude : écrivez trois choses pour lesquelles vous êtes reconnaissant aujourd'hui. Cela peut inclure le soutien des autres, des réalisations personnelles ou simplement des moments de joie que vous avez vécus.

Partagez votre parcours : contactez un ami ou un membre de votre famille et partagez vos réalisations récentes. Célébrons ensemble et encourageons-nous mutuellement à reconnaître et à honorer vos parcours respectifs.

Chapitre 12

Pratiques matinales pour la paix et la concentration

Commencer chaque journée avec détermination est l'un des moyens les plus efficaces pour cultiver la paix et la concentration. La façon dont nous commençons notre matinée donne le ton pour le reste de la journée. Une routine matinale bien conçue peut nous aider à centrer nos pensées, à dynamiser notre corps et à améliorer notre bien-être général.

L'importance des rituels matinaux

Le matin est un moment crucial pour établir un état d'esprit positif. De nombreuses études ont montré que les routines matinales peuvent conduire à une productivité accrue et à une meilleure santé mentale. Par exemple, une étude publiée dans le Journal of Applied Psychology a révélé que les personnes qui s'engagent dans des routines matinales régulières rapportent des niveaux plus élevés de bien-être émotionnel et que les rituels de productivité offrent une opportunité d'introspection, de mise en place et de définition d'intentions, nous permettant de commencer la journée avec un sentiment d'objectif.

Créer votre routine matinale

Votre routine matinale doit refléter vos valeurs, vos objectifs et votre style de vie. Voici quelques éléments essentiels à prendre en compte lors de la conception d'un rituel matinal qui vous convient :

Réveillez-vous tôt : accordez-vous suffisamment de temps pour commencer la journée sans vous sentir pressé. Se réveiller ne serait-ce que 15 à 30 minutes plus tôt peut faire une différence significative dans la façon dont vous abordez votre matinée.

Hydratez-vous : après des heures de sommeil, votre corps a besoin d'eau pour démarrer ses fonctions. Boire un verre d'eau dès votre réveil peut aider à réhydrater votre corps et à améliorer votre métabolisme.

Pleine conscience et méditation : pratiquer la pleine conscience ou la méditation peut vous aider à centrer vos pensées et à réduire votre anxiété. Des études ont montré que même quelques minutes de méditation de pleine conscience peuvent conduire à une concentration accrue et à une réduction du stress. Vous pouvez faire des méditations, des exercices de respiration profonde ou simplement vous asseoir en silence et observer vos pensées.

Journal de gratitude : prenez quelques instants pour écrire ce pour quoi vous êtes reconnaissant. Cette pratique simple peut faire passer votre état d'esprit de la négativité à la positivité, vous aidant à vous concentrer sur ce qui compte vraiment dans votre vie. Une étude publiée dans Psychological Science a révélé que les pratiques de gratitude peuvent améliorer le bien-être général et la satisfaction de vivre.

Mouvement : Intégrer une activité physique à votre routine matinale peut revigorer votre corps et votre esprit. Qu'il s'agisse de yoga, d'étirements, d'une séance d'entraînement rapide ou d'une marche rapide, bouger votre corps libère des endorphines, qui contribuent à améliorer votre humeur et à stimuler votre niveau d'énergie.

Petit-déjeuner sain : un petit-déjeuner nutritif nourrit votre corps et votre cerveau pour la journée à venir. Privilégiez les aliments complets, comme les fruits, les légumes, les céréales complètes et les protéines, pour fournir une énergie durable. Des études suggèrent qu'un petit-déjeuner équilibré peut améliorer les performances cognitives et la concentration tout au long de la journée.

Fixez vos intentions : au début de votre journée, prenez un moment pour définir vos intentions. Réfléchissez à ce que vous voulez accomplir, à ce que vous voulez ressentir et à l'état d'esprit que vous souhaitez cultiver. Écrire ces intentions peut apporter de la clarté et servir de rappel tout au long de la journée.

Personnaliser votre pratique

Bien que ces pratiques puissent servir de base, il est essentiel de personnaliser votre routine matinale. Voici quelques suggestions pour personnaliser votre pratique :

Incorporez des rituels qui vous parlent : si vous aimez la nature, pensez à passer du temps à l'extérieur pour vous connecter avec le monde naturel. Si l'art vous inspire, consacrez quelques minutes à dessiner ou à tenir un journal.

Soyez flexible : votre routine matinale n'a pas besoin d'être rigide. La vie peut être imprévisible, alors accordez-vous la flexibilité d'adapter votre routine à votre situation. Certains jours peuvent nécessiter plus de temps pour la pleine conscience, tandis que d'autres peuvent nécessiter une séance d'entraînement rapide.

 : tenir un journal pour suivre vos rituels matinaux peut vous aider à rester responsable et à identifier ce qui fonctionne le mieux pour vous. Notez comment vous vous sentez après chaque pratique pour évaluer son efficacité et faire les ajustements nécessaires.

Surmonter les défis

Mettre en place une nouvelle routine matinale peut être difficile, surtout si vous êtes habitué à une façon différente de commencer votre journée. Voici quelques conseils pour surmonter les obstacles courants :

Commencez petit à petit : au lieu de réviser votre routine d'un coup, commencez par intégrer une ou deux nouvelles pratiques. Ajoutez progressivement d'autres éléments au fur et à mesure que vous vous sentez à l'aise.

Établissez un horaire de sommeil régulier : une routine de sommeil régulière est essentielle pour se réveiller en pleine forme. Visez 7 à 9 heures de sommeil par nuit et essayez de vous coucher et de vous réveiller à la même heure chaque jour.

Limitez le temps passé devant un écran : résistez à la tentation de consulter votre téléphone ou de regarder la télévision dès le matin. Concentrez-vous plutôt sur vos rituels et accordez-vous de l'espace pour commencer la journée en pleine conscience.

Au fur et à mesure que vous mettez en œuvre ces pratiques, prenez le temps de reconnaître et de célébrer vos progrès. Chaque pas que vous faites vers la création d'une routine matinale est un pas vers plus de paix et de concentration. N'oubliez pas que la croissance personnelle est un voyage et que le fait de rendre hommage à vos réalisations, aussi petites soient-elles, favorise la motivation et vous encourage à continuer.

Mantra et actions quotidiennes

Mantra du jour :

« J'accueille chaque jour avec clarté, paix et intention. Mes rituels matinaux me permettent d'appréhender la journée à venir. »

Citation:

« Le secret de votre avenir se cache dans votre routine quotidienne. » — Mike Murdock

Note brève :

Les matins recèlent un potentiel immense. En adoptant des pratiques qui correspondent à nos valeurs, nous pouvons transformer la façon dont nous abordons chaque journée. Une routine matinale n'est pas seulement une série de tâches ; c'est un moment sacré pour définir nos intentions et aligner nos pensées sur nos objectifs. En nous engageant dans des activités qui nourrissent notre corps et notre esprit, nous cultivons une atmosphère de paix et de concentration, nous préparant à affronter les défis à venir. Ce chapitre vous invite à explorer les rituels qui vous apportent joie et épanouissement, vous permettant de créer un début de journée harmonieux.

Actions d'aujourd'hui

Réveillez-vous 30 minutes plus tôt : Réglez votre alarme plus tôt pour créer un léger tampon avant le début de la journée.

Hydratez-vous dès le matin : buvez un grand verre d'eau au réveil pour régénérer votre corps.

Pratiquez la pleine conscience ou la méditation : passez au moins cinq minutes en méditation, en vous concentrant sur votre respiration et en laissant vos pensées se calmer.

Pratiquez la gratitude : écrivez trois choses pour lesquelles vous êtes reconnaissant dans votre journal.

Bougez votre corps : consacrez au moins dix minutes à l'exercice physique, qu'il s'agisse d'étirements, de yoga ou d'une marche rapide.

Préparez un petit-déjeuner sain : planifiez un petit-déjeuner nutritif qui alimente votre corps pour la journée, en privilégiant les aliments entiers.

Définissez vos intentions : prenez quelques instants pour écrire vos objectifs de la journée, en vous concentrant sur ce que vous voulez ressentir et sur ce que vous souhaitez accomplir.

Réfléchissez et affirmez : Tenez-vous devant un miroir et récitez votre mantra quotidien, vous rappelant ainsi votre pouvoir et votre objectif.

Chapitre 13

Réflexions du soir et gratitude

Alors que le soleil se couche et que la journée touche à sa fin, nous trouvons une précieuse occasion de réfléchir à nos expériences, de reconnaître notre évolution et d'exprimer notre gratitude pour les moments que nous avons vécus. Les réflexions du soir et les pratiques de gratitude permettent non seulement de clore le chapitre, mais aussi de favoriser un sentiment de paix et d'accomplissement, nous aidant à passer en douceur au repos.

L'importance des réflexions du soir

À la fin de la journée, nous nous retrouvons souvent submergés de pensées sur ce que nous avons accompli, ce qui a mal tourné et ce que nous espérons accomplir demain. Au lieu de laisser ces pensées tourbillonner de manière chaotique dans notre esprit, réserver un moment dédié à la réflexion peut apporter clarté et calme. Les réflexions du soir nous aident à gérer nos sentiments et nos expériences, nous permettant de tirer de précieuses leçons de notre journée.

Les recherches suggèrent que la réflexion peut améliorer l'apprentissage et la rétention, car elle encourage un engagement plus profond envers nos expériences. En réfléchissant à nos actions, nous pouvons identifier des schémas dans notre comportement, reconnaître nos points forts et identifier les domaines à améliorer. Cette pratique peut favoriser la conscience de soi, ce qui conduit à une meilleure prise de décision à l'avenir.

Créer un rituel de réflexion

Pour intégrer efficacement les réflexions du soir à votre routine quotidienne, pensez à établir un rituel qui vous correspond. Voici quelques étapes pour vous aider à créer une pratique de réflexion significative :

Choisissez un endroit calme : trouvez un endroit confortable et calme où vous pourrez vous asseoir sans être dérangé. Cela peut être un coin douillet de votre salon, de votre chambre ou même à l'extérieur sous les étoiles.

Créez l'ambiance : tamisez les lumières, allumez une bougie ou jouez de la musique douce : tout ce qui contribue à créer une atmosphère apaisante.

Rassemblez vos outils : Ayez un journal ou un carnet à portée de main pour noter vos pensées. Un stylo ou un crayon vous aidera à articuler vos réflexions et vos idées.

Commencez par la pleine conscience : prenez quelques instants pour respirer profondément et vous ancrer. Concentrez-vous sur le moment présent, laissez votre esprit se calmer avant de plonger dans vos réflexions.

Posez des questions de réflexion : pensez à utiliser des éléments pour guider votre réflexion. Des questions telles que « Quel a été le moment le plus marquant de ma journée ? » ou « À quels défis ai-je été confronté et comment ai-je réagi ? » peuvent vous aider à structurer vos pensées.

 laissez vos pensées s'exprimer sur la page sans jugement. Écrivez sur vos expériences, vos sentiments et les leçons que vous avez apprises. C'est un espace d'honnêteté et d'exploration.

Terminez votre réflexion en exprimant votre gratitude : concluez votre réflexion en écrivant trois choses pour lesquelles vous êtes reconnaissant ce jour-là. Cette pratique permet non seulement de déplacer votre attention de la négativité vers la positivité, mais aussi de favoriser un sentiment d'appréciation des bienfaits de la vie.

Le pouvoir de la gratitude

La gratitude est une pratique transformatrice qui améliore la santé mentale, renforce le bonheur et renforce les relations. Des études ont montré que les personnes qui pratiquent régulièrement la gratitude souffrent moins de dépression et d'anxiété, ainsi que d'un plus grand sentiment de bien-être général. En reconnaissant consciemment ce pour quoi nous sommes reconnaissants, nous entraînons notre cerveau à se concentrer sur les aspects positifs de notre vie, même pendant les périodes difficiles.

Intégrer la gratitude à votre routine du soir vous permet de réfléchir aux cadeaux de la journée, aussi petits soient-ils. Cette pratique encourage la pleine conscience et aide à cultiver un sentiment d'abondance, renforçant l'idée que même dans les moments difficiles, il y a toujours quelque chose pour laquelle être reconnaissant.

Étapes pratiques pour cultiver la gratitude

Pour intégrer davantage la gratitude dans votre routine du soir, voici quelques étapes pratiques à considérer :

Journal de gratitude : tenez un journal de gratitude dédié dans lequel vous écrivez trois à cinq choses pour lesquelles vous êtes reconnaissant chaque soir. Au fil du temps, ce journal servira de puissant rappel de l'abondance dans votre vie.

Bocal à gratitude : Gardez un bocal dans un endroit visible où vous pourrez y déposer des notes de gratitude tout au long de la semaine. À la fin de la semaine ou du mois, lisez les notes pour vous rappeler de toutes les bonnes choses qui vous sont arrivées.

Partagez votre gratitude : pensez à partager votre gratitude avec les autres. Au dîner ou pendant un moment en famille, invitez chacun à partager une chose qu'il a appréciée au cours de sa journée. Cela renforce non seulement les relations, mais favorise également une culture de gratitude au sein de votre foyer.

Affirmations de gratitude : créez des affirmations qui renforcent votre pratique de la gratitude. Par exemple, dire « Je suis reconnaissant pour l'abondance dans ma vie » chaque soir peut aider à consolider cet état d'esprit.

Rappels visuels : placez des rappels visuels dans votre espace de vie qui inspirent la gratitude. Il peut s'agir de photos de vos proches, de citations ou même de souvenirs de moments particuliers de votre vie.

Une histoire personnelle de réflexion et de gratitude

En réfléchissant à mon parcours d'intégration des pratiques du soir, je me souviens d'une période particulièrement difficile de ma vie. Équilibrer le travail, les engagements personnels et les difficultés émotionnelles me laissait dépassée et épuisée. C'est à cette époque que j'ai découvert le pouvoir des réflexions du soir et de la gratitude.

Un soir, me sentant particulièrement épuisée, j'ai décidé de prendre quelques instants pour m'asseoir tranquillement et réfléchir. J'ai pris mon journal, allumé une bougie et me suis autorisée à respirer profondément. J'ai commencé à noter mes pensées, en commençant par le poids de mes soucis et de mes angoisses. Au fur et à mesure que je continuais à écrire, j'ai progressivement déplacé mon attention vers les aspects positifs de ma vie.

J'ai écrit sur les amis qui m'ont soutenue et qui m'ont vue aller bien, sur le magnifique coucher de soleil que j'ai vu ce soir-là et sur la tasse de thé chaud qui m'a apporté du réconfort. À chaque fois que je les ai reconnus, j'ai senti la lourdeur de ma poitrine commencer à s'atténuer. À la fin de ma réflexion, j'avais non seulement fait le point sur mes difficultés, mais j'avais également reconnu les nombreuses bénédictions qui m'entouraient.

À partir de cette nuit-là, j'ai pris l'habitude d'intégrer ces pratiques du soir à ma routine. Le simple fait de réfléchir et d'exprimer ma gratitude a transformé mon état d'esprit, me permettant d'aborder chaque journée avec une énergie et un objectif renouvelés.

Mantra et actions quotidiennes

Mantra du jour :

« J'apprécie chaque instant avec gratitude, reconnaissant les leçons et les bénédictions qui façonnent mon parcours. »

Actions quotidiennes :

Réflexion : **Passez cinq minutes ce soir à écrire dans votre journal de gratitude. Énumérez trois choses d'aujourd'hui qui vous ont apporté de la joie ou pour lesquelles vous êtes reconnaissant.**

Pleine conscience : **avant de vous coucher, prenez un moment pour respirer profondément et prendre conscience de vos sentiments par rapport à la journée. Asseyez-vous tranquillement pendant une minute, en vous concentrant sur votre respiration.**

Lien : **Partagez votre gratitude avec quelqu'un. Envoyez un SMS ou appelez un ami ou un membre de votre famille pour lui exprimer votre reconnaissance pour son soutien ou sa présence dans votre vie.**

Citation du jour :

« La gratitude transforme ce que nous avons en suffisance. » — Ésope

Faire preuve de gratitude peut changer radicalement notre perspective sur la vie. Cela nous rappelle de nous concentrer sur ce que nous avons plutôt que sur ce qui nous manque, cultivant ainsi un sentiment d'abondance et d'épanouissement. Lorsque nous prenons le temps de réfléchir à nos expériences quotidiennes et de reconnaître les aspects positifs, nous améliorons non seulement notre bien-être émotionnel, mais nous renforçons également nos liens avec les autres. Ce soir, alors que vous vous engagez dans votre réflexion du soir, rappelez-vous que chaque moment est porteur d'une leçon et d'une occasion de gratitude.

Matinée : Commencez votre journée en vous fixant une intention. « Aujourd'hui, je trouverai de la joie dans les petites choses. »

Après-midi : Faites une pause en milieu de journée pour réfléchir à vos sentiments. Prenez trois grandes respirations et demandez-vous : « De quoi suis-je reconnaissant en ce moment ? »

Soirée : Pratiquez la gratitude. Notez trois expériences d'aujourd'hui qui vous ont fait sourire. N'oubliez pas que, même si elles semblent anodines, chaque moment mérite d'être célébré.

En pratiquant régulièrement la gratitude et la réflexion, vous cultiverez un état d'esprit qui embrasse la positivité et la connexion, vous permettant de surmonter les défis de la vie avec grâce et résilience.

Chapitre 14

Trouver la force dans le silence

Dans notre monde qui évolue à un rythme effréné, où les distractions abondent et où le bruit de la vie quotidienne peut sembler accablant, trouver des moments de calme devient non seulement bénéfique mais essentiel. La méditation et la réflexion silencieuse sont des outils puissants pour nous ancrer, nous permettant d'exploiter notre force intérieure et notre résilience.

Le pouvoir du silence

L'immobilité est souvent considérée à tort comme une simple absence de mouvement ou de bruit. En réalité, il s'agit d'un état dans lequel nous nous connectons profondément à nous-mêmes, permettant à la clarté et à la paix d'émerger de l'intérieur. Cette connexion est vitale, surtout dans les moments d'incertitude ou de stress. Des recherches ont montré qu'un engagement régulier dans des pratiques de pleine conscience, notamment la méditation, peut conduire à des améliorations significatives de la santé mentale, de la régulation émotionnelle et du bien-être général (Kabat-Zinn, 1990 ; Goyal et al., 2014).

Les bienfaits de la méditation

Clarté mentale : la méditation nous aide à éliminer le désordre de nos pensées, ce qui nous permet de mieux nous concentrer et de prendre des décisions. Une étude menée par Zeidan et al. (2010) a démontré que quelques séances de méditation de pleine conscience pouvaient améliorer les fonctions cognitives, conduisant à une amélioration de l'attention et de la mémoire.

Réduction du stress : la pratique régulière de la méditation peut réduire considérablement le niveau de stress. Une méta-analyse réalisée par Goyal et al. (2014) a révélé que les programmes de méditation de pleine conscience étaient efficaces pour réduire l'anxiété et le stress, soulignant ainsi son potentiel en tant qu'outil thérapeutique.

Bien-être émotionnel : Le fait de rester immobile peut favoriser une meilleure compréhension de nos émotions, nous permettant de réagir plutôt que de réagir. Les recherches indiquent que la méditation de pleine conscience peut conduire à une résilience émotionnelle accrue et à de meilleurs mécanismes d'adaptation pendant les périodes difficiles (Keng et al., 2011).

Conscience de soi améliorée : grâce à la méditation, nous cultivons une connexion plus forte avec nos pensées et nos sentiments, ce qui favorise la découverte de soi et la croissance. Cette conscience de soi est essentielle pour identifier nos valeurs, nos objectifs et nos limites.

Techniques pour intégrer le calme

Intégrer le calme dans votre vie quotidienne ne nécessite pas de consacrer beaucoup de temps ni de mettre en place des environnements élaborés. Voici quelques techniques pratiques pour vous aider à cultiver des moments de calme et de réflexion :

Respiration consciente : Commencez par cinq minutes par jour. Installez-vous confortablement, fermez les yeux et concentrez-vous sur votre respiration. Inspirez profondément par le nez en laissant votre ventre se soulever, puis expirez lentement par la bouche. Si votre esprit s'égare, ramenez doucement votre attention sur votre respiration. Cette pratique simple vous aide à vous ancrer dans le moment présent et à calmer l'esprit.

Méditations guidées : si vous débutez dans la méditation, les séances guidées peuvent être particulièrement utiles. De nombreuses applications et ressources en ligne, telles que Headspace ou Calm, proposent des méditations structurées qui vous guident tout au long du processus, le rendant accessible et facile à suivre.

Promenades dans la nature : Passez du temps dans la nature, loin de l'agitation. Permettez-vous de profiter pleinement des images, des sons et des odeurs qui vous entourent. Cette pratique favorise non seulement la pleine conscience, mais favorise également un sentiment de connexion au monde, améliorant ainsi votre bien-être général.

Tenir un journal : prenez quelques minutes chaque jour pour écrire sur vos pensées, vos sentiments ou vos expériences. Tenir un journal peut servir de forme de méditation, vous aidant à gérer vos émotions et à réfléchir à votre parcours.

Détox numérique : créez des limites autour de l'utilisation des technologies. Déterminez des moments précis pour vous déconnecter des appareils et vous adonner à des activités qui favorisent le calme, comme la lecture, le bricolage ou tout simplement profiter d'un moment de calme.

Manger en pleine conscience : transformez vos repas en une expérience méditative. Concentrez-vous sur les couleurs, les textures et les saveurs de vos aliments, en savourant chaque bouchée. Cette pratique encourage non seulement la pleine conscience, mais favorise également une relation plus saine avec la nourriture.

Surmonter les obstacles à l'immobilité

Bien que l'intégration du calme dans votre vie offre de nombreux avantages, il est naturel de rencontrer des obstacles en cours de route. Voici quelques obstacles courants et des stratégies pour les surmonter :

Emplois du temps chargés : de nombreuses personnes ont du mal à trouver du temps pour se reposer au milieu de leur vie trépidante. Commencez doucement en consacrant quelques minutes par jour à la méditation ou à la réflexion. Augmentez progressivement ce temps à mesure que vous vous sentez plus à l'aise avec cette pratique.

Agitation : il est courant de se sentir agité ou agité lorsqu'on commence une pratique de méditation. Reconnaissez ces sentiments sans porter de jugement et ramenez doucement votre attention sur votre respiration ou votre point d'ancrage. Avec le temps, vous vous habituerez davantage au calme.

Doute de soi : de nombreuses personnes doutent de leur capacité à méditer ou craignent de ne pas le faire « correctement ». Rappelez-vous qu'il n'existe pas de méthode parfaite pour méditer. Embrassez le cheminement et laissez-vous tenter par le processus sans attentes.

Inconfort émotionnel : le calme peut faire surgir des émotions ou des pensées inconfortables. Au lieu d'éviter ces sentiments, acceptez-les comme faisant partie de votre parcours. Envisagez de demander l'aide d'un thérapeute ou d'un conseiller si ces émotions deviennent accablantes.

Créer une pratique personnelle de silence

Pour créer une pratique personnelle qui vous correspond, tenez compte des étapes suivantes :

Identifiez vos intentions : réfléchissez à ce que vous espérez accomplir grâce à votre pratique du calme. Qu'il s'agisse de réduire le stress, d'améliorer la conscience de soi ou de trouver la clarté, avoir des intentions claires peut guider votre cheminement.

Choisissez votre espace : Désignez un espace spécifique dans votre maison pour la méditation ou la réflexion silencieuse. Il peut s'agir d'un coin douillet, d'un fauteuil confortable ou même d'un coin dans votre jardin. Avoir un espace dédié peut aider à signaler à votre esprit qu'il est temps d'entrer dans un état de calme.

Établissez une routine : la cohérence est essentielle pour créer une habitude. Choisissez le moment qui vous convient le mieux (le matin, le midi ou le soir) et engagez-vous à le respecter. Au fil du temps, cette routine contribuera à renforcer votre pratique du calme.

Soyez patient : développer une pratique de méditation est un processus graduel. Soyez patient avec vous-même tout au long de ce parcours. Célébrez vos progrès, aussi petits soient-ils, et acceptez les leçons apprises en cours de route.

Mantra et actions quotidiennes

Mantra du jour :

« Dans le silence, je trouve ma force ; dans le silence, je découvre mon vrai moi. »

Citation:

« Plus vous devenez silencieux, plus vous pouvez entendre. » — Ram Dass

Note brève :

Dans notre monde de plus en plus bruyant, trouver des moments de calme n'est pas seulement un luxe, mais une nécessité. C'est pendant ces moments de calme que nous pouvons renouer avec notre moi intérieur, réfléchir à nos expériences et nourrir notre bien-être émotionnel. Accepter le calme nous permet d'écouter nos pensées et nos sentiments, ce qui nous apporte une clarté et une perspicacité qui pourraient autrement être noyées par le tumulte de la vie quotidienne. Chaque jour nous offre l'occasion de créer ces moments, nous rappelant que la force se trouve souvent dans le silence.

Actions ou mantra du jour

Méditation matinale (5 minutes) :

Commencez votre journée par une brève séance de méditation. Trouvez un endroit calme, fermez les yeux et concentrez-vous sur votre respiration. Laissez vos pensées dériver comme des nuages, ramenant votre attention sur la respiration chaque fois que votre esprit s'égare.

Promenade dans la nature :

Promenez-vous dans la nature pendant votre pause déjeuner ou le soir. Prêtez attention aux images et aux sons qui vous entourent. Remarquez le bruissement des feuilles, le chant des oiseaux et la sensation du sol sous vos pieds. Profitez de ce moment pour pratiquer la pleine conscience.

Détox numérique (30 minutes) :

Prenez 30 minutes pour vous déconnecter de tous les appareils numériques. Profitez de ce temps pour vous adonner à des activités qui favorisent le calme, comme lire un livre, tenir un journal ou simplement vous asseoir en silence.

Journal de gratitude :

Le soir, prenez quelques minutes pour écrire trois choses pour lesquelles vous êtes reconnaissant. Réfléchissez à votre journée et reconnaissez les petits moments de joie qui passent souvent inaperçus.

Détendez-vous avec la respiration :

Avant de vous coucher, consacrez cinq minutes à des exercices de respiration profonde. Inspirez profondément en comptant jusqu'à quatre, retenez votre souffle pendant quatre secondes, puis expirez pendant six secondes. Cette pratique aide à calmer l'esprit et à préparer un sommeil réparateur.

En intégrant ces pratiques à votre routine quotidienne, vous pouvez favoriser un plus grand sentiment de paix et de clarté. N'oubliez pas que trouver la force dans le silence est un voyage et que chaque petit pas compte. Profitez des moments de calme et laissez-les nourrir votre esprit.

Conclusion

Alors que nous arrivons à la conclusion de cette exploration de la croissance personnelle et de l'autocompassion, il est essentiel de se rappeler que votre parcours vous est propre. Chaque pas que vous faites, chaque leçon que vous apprenez, contribue à une meilleure compréhension de qui vous êtes et de ce que vous voulez devenir. Le chemin de la découverte de soi n'est pas linéaire ; c'est une route sinueuse remplie de pics et de vallées, de triomphes et de défis. Embrasser ce voyage avec un cœur et un esprit ouverts est essentiel pour une transformation durable.

La croissance est un processus continu qui exige de la patience et de la bienveillance envers soi-même. Il est facile de se laisser emporter par le tourbillon de la vie quotidienne, en oubliant souvent l'importance de prendre soin de ses propres besoins et émotions. Rappelez-vous que l'autocompassion ne consiste pas à se complaire dans ses propres désirs ; il s'agit plutôt de reconnaître son humanité et de se traiter avec la même bienveillance que l'on témoignerait à un ami.

www.ingramcontent.com/pod-product-compliance
Lightning Source LLC
Chambersburg PA
CBHW081726250726
48657CB00010B/3146